集人文社科之思　刊专业学术之声

集 刊 名：湘学研究

主　　办：湖南省湘学研究院

XIANG RESEARCH 2020 Vol.2 (Issue 16)

联系电话　0731-84219566

电子邮箱　xiangxueyj@163.com

通信地址　湖南省长沙市德雅村湖南省社会科学院《湘学研究》编辑部

2020年第2辑（总第16辑）

集刊序列号：PIJ-2018-358

中国集刊网：www.jikan.com.cn

集刊投约稿平台：www.iedol.cn

湘学研究

贺培育　主　　编
李　斌　执行主编

XIANG RESEARCH
2020 Vol.2 (Issue 16)

2020 年
（总第16辑）　**2**

社会科学文献出版社
SOCIAL SCIENCES ACADEMIC PRESS (CHINA)

目录

【湘学学统】

浅谈周敦颐《太极图说》的
合理性与唯物性

胡正耀*

摘　要：周敦颐是一位伟大的思想家、教育家，他为官清正廉洁，堪称古今之典范。周敦颐在中国哲学史和思想史上具有崇高地位，南宋学者胡宏、张栻称赞他的功绩在孔孟之间。本文以《太极图说》的合理性与唯物性为角度，探讨周敦颐的哲学思想。周敦颐的"宇宙生存论"将自然观、思想方法以及人伦道德组成一个严谨的哲学体系，不仅具有合理性与唯物性，而且体现了辩证法思想，所以国内外著名学者都给予高度的评价，称赞《太极图说》是中国哲学史上一篇最系统最严密的宇宙生存论。由于《太极图说》文字简略，也引发了少数人的不同看法。我们应当从原文中认真剖析《太极图说》的哲学内涵，还其本来面目，从而弘扬周敦颐在中国哲学史上做出的杰出贡献。

关键词：周敦颐　《太极图说》　宇宙生成论　无极　太极

周敦颐是一位伟大的思想家、教育家。北宋真宗天禧元年（1017）五月五日端阳佳节出生于湖南道州营道县之营乐里楼田堡（今湖南道县清塘镇楼田村）。24岁入仕，为官31年，职位虽不高，但其清正廉洁，堪称古今之典范。他一生最伟大的成就是他的学术思想。遗作有《太极图》《太极图说》《通书四十章》及一些诗词杂文，九千多字，被学者誉为"言约而道大，文质而义精"。南宋学者胡宏、张栻都称赞他的功绩在孔孟之间。为了纪念他1004年的诞辰，笔者特浅谈他的《太极图说》的合理性与唯物性，并求教于专家与学者。

---

* 胡正耀，湖南道县中医院教授。

一　"无极而太极"

（一）"无极"的表述源于老子而高于老子的思想

"无极"一词，出自《老子·首章》："无名天地之始，有名万物之母。"庄子对"无"字的解释是"未形无名"，认为"无"指的是看不见、摸不着的混沌之物。周敦颐从中得到启示，将"无名"改为"无极"，并将其大胆地放在"太极"的前头，写成"无极而太极"，表示"无极"在宇宙生成的过程中先于"太极"，是"太极"诞生前的客观存在，是宇宙生存的本原。由于"无极"表示无形无象，所以在《太极图》中没有图形。他这样一改，不仅澄清了"未形无名"的模糊概念，而且使得水有源头树有根，大大地超过老子"无名天地之始，有名万物之母"的立论高度，构成朴素的宇宙生存论。周敦颐认为"无极"一词是"无形而实有"。

（二）"太极"一词源于《易经》而大于《易经》的含义

周敦颐的"太极"一词，来自《易经·系辞上》："易有太极，是生两仪，两仪生四象，四象生八卦。"与老子的"道生一，一生二，二生三，三生万物"的含义同出一辙。于是将"太极"一词置于"无极"之后，表示宇宙在生成过程中，经过无数序列，有形有象、能动能静的物质本原太极便出现了。他将这一阶段认为是"有"之始。后世学者认为，这样的安排不仅合理，而且比"易有太极"的意义更加宏大。

二　运动与静止

周敦颐写的《太极图说》，其理论的逻辑性是非常严密的，从"无极而太极"开始，化生各个序列：无极→太极→阴阳→五行→男女（雌雄牝牡）→万物。《太极图说》第三小段还有这样几句："五行一阴阳也，阴阳一太极也，太极本无极也。五行之生也，各一其性。"这一组命题，不仅反证各个序列化生的合理性，同时也说明每个序列的生存，不仅时间长久，而且其质也与上一个序列不同。因此，探讨《太极图说》时，应将这一组命题合并研究。

运动与相对的静止，是物质存在的基本形式，是宇宙生存发展的动力。周敦颐除在《太极图说》中做了"太极动而生阳，动极而静，静而生阴，静极复动。一动一静，互为其根"这样的说明外，又在《通书·动静十六》中做了进一步解释："动而无静，静而无动，物也。动而无动，静而无静，神也。动而无动，静而无静，非不动不静也。物则不通，神妙万物。水阴根阳，火阳根阴；五行阴阳，阴阳太极，四时运行，万物终始，混兮辟兮，其无穷兮。"

周敦颐在这里将物质的动静划分为"物动"与"神动"。周敦颐说这一番话，似乎已猜测到"物质由量变到质变"是物质的普遍规律。"量变"相对"质变"而言，是相对的静止，但也是在动。所以世界没有不运动的物质，也没有物质是不运动的。而在 900 多年前，受到时代的局限，还没有"从量变到质变"这样的说法，所以他称之曰"神动"，以便与位移较大、动静分明、目力所及的"物动"相区别。在他的思想里，将物质运动区别为"神动"与"物动"，就像现在唯物主义说的："物质的运动是绝对的，静止是相对的。"

三　统一性与多样性

事物的统一性与多样性，在我国哲学史上一直是个争论不休的问题。周敦颐的《太极图说》对无极通过各个序列分而演化为万物做了很好的说明。后来在《通书·理性命二十二》又做了进一步论述，说明统一性分而为多样性、多样性合而为统一性的哲理，同时也利用这一哲理，证实他的"宇宙生存论"的合理性。《通书·理性命二十二》是这样论述的："二气五行，化生万物。五殊二实，二本则一。是万为一，一实万分，万一各正，大小有定。"

周敦颐写文章一贯"文质而义精"，由于文字简略，常常引起不同的理解与争论。"二气五行，化生万物。""二气"是指阴阳二气，"五行"是指金、木、水、火、土。"五殊二实，二本则一。""五殊"是指五行，"二"是指"阴阳"二气，"一"是指"无极"。这两句是《太极图说》的"五行一阴阳也，阴阳一太极也，太极本无极也"的简化，是指《太极图说》各个序列的逆推。

"是万为一，一实万分。"在这里，"万"指多样性，"一"指统一性。这两句承接"二气五行，化生万物。五殊二实，二本则一"，既然宇宙生存论的各序列顺推与逆推都说得通，那么事物的多样性合而为统一性、统一性分而为多样性也是说得通的。

"万一各正，大小有定。"在这里，"万"指万物、多样性，"一"指无极、统一性。正、定互训，具有确定之意。这两句说明宇宙生存的各个序列，由万物逆推到无极，各个序列与同一序列生存的物质，无论是至高至大的还是极微极小的，都有它正确的形态与质量，从不乱套，所以宇宙生存论是合理的。以此说明事物的统一性分而为多样性、多样性合而为统一性同样是合理的，同时也可用这一道理证实"宇宙生存论"的合理性。

四　宇宙观与人生观

《太极图》到第五层是个大圆圈，标注"万物化生"，表示五彩缤纷的宇宙出现了。图到此完结，但图意尚未尽。因为周敦颐作《太极图说》的目的，是希望人们加强道德修养，树立正确的人生观。故《太极图说》接着论道："惟人也得其秀而最灵，形既生矣，神发知矣，五性感动而善恶分，万事出矣。圣人定之以中正仁义而主静，立人极焉。故圣人与天地合其德，日月合其明，四时合其序，鬼神合其吉凶。"同时他又告知人们，天、地、人各有其道，人道在于具有仁义二德，如果一个人无仁无义就不成其人了。先生在《通书》里又加以说明：至实无妄的"诚"是人性的本原，它是宇宙本原的"太极"乾元之气派生出来的，是"五常之本，百行之源"，是"纯粹至善"的，所以人性本来就善，后来因为环境的影响、物欲的诱惑，才逐渐变恶。他是积极主张修养至圣的，认为人们只要努力学习，加强修养，不仅可以保持原来的善，并且可以有更大的进步和发展。他通过这样一改，使之成为"心性"之学，能够起到"治心"和"自律"的作用，比原来的政治儒学更臻完善。故其思想被称为"理学"或"新儒学"，成为元、明、清三个朝代的治国指导思想。

综上所述，周敦颐的"宇宙生存论"将自然观、人生论、思想方法以及人伦道德组成一个严谨的哲学体系，并赋予其本体论的意义，使得水有源头树有根。这一体系不仅具有合理性与唯物性，且体现了辩证法思想，所以国内外的著名学者都给予《太极图说》高度的评价，称其是中国哲学史上最系统最严密的一篇宇宙生存论。但是由于文字简略，该文也引起少数人的不同看法。我们今天纪念周敦颐诞生 1004 年，应当好好地学习他的原著，从他的原文中认真剖析，还其本来面目，从而弘扬他在中国哲学史上做出的杰出贡献。

胡寅对"三年无改于父之道"的批判与阐释[*]

李 超[**]

摘 要：胡寅在《读史管见》中的评论，看似批判的重点是蔡京、秦桧等两宋之际"权奸"误国之臣，实际上都有意无意将矛头指向了高宗皇帝。作为湖湘学派的代表人物，胡寅对于"三年无改于父之道"等儒家传统孝道原则加以批判并提出了新的阐释，意在消解对帝王必须继承先君之政的硬性约束，这并非为纠正已经成为历史的北宋新旧党争中司马光的错误，而主要是为防止新党中人在南宋再次以孝道为由，鼓动高宗起用新党，推行变法。同时，也是为高宗之后的帝王能够废弃对金朝的和议，重启收复中原的进程创造条件。

关键词：胡寅 三年无改于父之道 宋高宗 新旧党争

一 问题的提出

孝是中国传统政治伦理的核心价值之一。南宋名儒范冲阐释孝的重要性称："孝者，自然之理。天地之所以大，万物之所以生，人之所以灵，三纲五常之所以立。"[①] 作为一项政治价值原则，孝深深卷入了两宋王朝的政治生活中。变法与反变法、对外和与战分别构成了北宋与南宋政治的主题[②]，而在这两大主题中都可看到对孝道原则的运用。章惇、蔡京等人以"绍述"神宗事业为由，极力支持哲宗、徽宗推行新法，高宗、秦桧君臣则以迎还徽宗梓宫、奉养太后为名，积极向金朝求和。孝因其在道义上的绝

---

[*] 基金项目：湖南省社科院课题"胡寅史论与南宋前期政治研究"（19XXC04）。

[**] 李超，湖南省社会科学院历史文化研究所助理研究员，历史学博士。

[①] 李心传编撰，胡坤点校《建炎以来系年要录》，中华书局，2013，第 1736 页。

[②] 张邦炜：《战时状态与南宋社会述略》，《西北师大学报》（社会科学版）2014 年第 1 期。

对正确性，成为蔡京、秦桧等当权者镇压异见者的重要工具。对于反对新法或者反对与金议和的士大夫来说，若要说服君主改变政策，如何越过孝道这一障碍，就成为不得不正视的问题。既然孝本身是不容置疑的，那么就需要对孝的内容进行新的审视。在两宋之际为数众多的士大夫中，胡寅就是对孝道思想进行积极探索者之一。

胡寅，字明仲，为大儒胡安国之子，本福建崇安人，北宋灭亡后，随其父移居衡阳，成为湖湘学派的重要代表人物之一。① 他于徽宗宣和年间进士及第，南宋高宗朝历任起居郎、中书舍人等职。胡寅亲身经历了靖康之变的悲剧，在政治上对蔡京等人所推行的新法深恶痛绝。同时，怀着对金人的切齿仇恨，对议和亦极力反对。绍兴二十年（1150），胡寅终因反对和议得罪秦桧，责授果州团练副使、新州安置。右正言章厦弹劾胡寅："天资凶悖，敢为不义。寅非胡安国之子，不肯为亲母持服，士论沸腾，此其不孝之大罪也。寅初傅会李纲，后又从赵鼎建明不通邻国之问，其视两宫播迁，如越人视秦人之肥瘠……此其不忠之大罪也。"② 章厦罗列了胡寅"不孝""不忠"两大罪状。胡寅本为胡安国弟之子，出生时便为胡安国夫妇收养③，因此胡寅在其生母死后未服三年之丧，从而引起了不小争议，胡寅为此向朝廷上呈《申尚书省议服状》④《议服札子》⑤ 加以申辩，但显然未能堵住悠悠众口。胡寅的第二大罪状是其先后附和李纲、赵鼎反对和议。高宗既因奉养生母、恪尽孝道而不惜屈己求和，胡寅反对和议就意味着反对高宗迎还生母，反对高宗为母尽孝，站在臣子的角度自是"不忠"，这归根结底涉及的还是孝道问题。

于胡寅而言，孝既关系着世人对其个人道德品性的认定，也关系着国家大政方针的制定，因此孝成为其谪居期间思考的重要问题之一。谪居新州的数年中，胡寅完成了一部六十余万字的史论性著作——《读史管见》，

---

① 关于胡寅与湖湘学派的关系，可参见张立文《胡寅、胡宏为湖湘学奠基》，《湖湘论坛》2012 年第 1 期；连凡《〈宋元学案〉视域下湖湘学派的源流及其诠释——以胡安国、胡寅、胡宏、张栻为中心》，《南华大学学报》（社会科学版）2018 年第 1 期。
② 李心传编撰，胡坤点校《建炎以来系年要录》，中华书局，2013，第 3045 页。
③ 脱脱等撰《宋史》，中华书局，1977，第 12916 页。
④ 胡寅撰，尹文汉校点《斐然集》，岳麓书社，2009，第 195 页。
⑤ 胡寅撰，尹文汉校点《斐然集》，岳麓书社，2009，第 227～229 页。

周密称："此书有为而作，非徒区区评论也。"① 胡寅实际上意在借古讽今，利用前代史事来对本朝政治进行批判，具有强烈的现实针对性，而批判的重点就在于北宋后期的变法和南宋前期的和战等问题。② 在书中，胡寅留下了丰富的关于孝道思想的论述。南宋学者赵与时指出："致堂本文定从子，其生也，父母欲不举，文定夫人举而子之。及贵，遭本生之丧，士论有非之者。故《汉宣帝立皇考庙》《晋出帝封宋王敬儒》两章，专以自解；而于《汉哀帝谢立定陶后》一节，直谓：'为人后者，不顾私亲，安而行之，犹天性也。'吁，甚矣！"③ 认为胡寅对汉宣帝、晋出帝等行为的评论，直接目的就是为自身未为生母服丧的行为进行辩解。但这仅仅是书中丰富的有关孝道内容的一部分，更多的内容则是对变法与和战中涉及孝道原则的理解与批判。限于篇幅，本文无力对胡寅的孝道观做全面论述，故拟选择胡寅对"三年无改于父之道"这一儒家孝道观中重要命题的批判与阐释，来探究其孝道观与两宋之际政治的关系。

二　"三年无改于父之道"与新旧党争

神宗皇帝去世后，年幼的哲宗继位，太皇太后高氏临朝，司马光等旧法派官僚执掌朝政，他们甫一上台便迅即着手废除新法。然而，神宗尸骨未寒，新朝君臣就开始背离先帝的政策方针，这与儒家所宣扬的孝道产生了直接冲突。

对于传统王朝的继体之君来说，儒家关于孝道的论述最重要的有两条。一出自《论语·学而下》："子曰：'父在，观其志；父没，观其行；三年无改于父之道，可谓孝矣。'"④ 一出自《论语·子张》："曾子曰：'吾闻诸夫子：孟庄子之孝也，其他可能也；其不改父之臣与父之政，是难能也。'"⑤

---

① 周密撰，张茂鹏点校《齐东野语》，中华书局，1983，第 104 页。

② 李心传称："寅既退居，乃著《读史管见》三十卷，论周秦至五代得失，其论甚正，盖于蔡京、秦桧之事，数寄意焉。"（《建炎以来系年要录》，第 3354 页）陈振孙称："议论宏伟严正，间有感于时事。其于熙、丰以来接于绍兴权奸之祸，尤拳拳寓意焉。"（陈振孙撰，徐小蛮、顾美华点校《直斋书录解题》，上海古籍出版社，1987，第 117 页）

③ 赵与时撰，齐治平校点《宾退录》，上海古籍出版社，1983，第 19 页。

④ 程树德撰，程俊英、蒋见元点校《论语集释》，中华书局，2014，第 54 页。

⑤ 程树德撰，程俊英、蒋见元点校《论语集释》，中华书局，2014，第 1711 页。

对于"三年无改于父之道",西汉大儒孔安国注释称:"孝子在丧,哀慕犹若父在,无所改于父之道也。"① 东汉郑玄注释称:"孝子在丧,哀感思慕,无改其父之道,非心所忍为也。"② 对于孟庄子之孝,东汉马融解释称:"谓在谅阴之中,父臣及父政虽不善者,不忍改之也。"南北朝时的皇侃称:"时人有丧,三年之内,皆改易其父平生时臣及政事。而庄子居丧,父臣父政虽有不善者,而庄子犹不忍改之,能如此者,所以是难也。"③ 这些注解都强调后世子孙须遵循亡父之道,甚至认为即便是不善之道在服丧期间亦须遵守。在现实政治中,这种不论善恶的一刀切式要求必然存在缺陷。若亡父之道乃恶政,继续执行就会祸国殃民,不执行又有损孝道。如何处理这种两难问题呢?皇侃称:"或问曰:'若父政善,则不改为可。若父政恶,恶教伤民,宁可不改乎?'答曰:'本不论父政之善恶,自论孝子之心耳。若人君风政之恶,则冢宰自行政;若卿大夫之心恶,则其家相邑宰自行事,无关于孝子也。'"④ 他援引冢宰摄政制度来化解矛盾,认为人子自行三年之丧,由冢宰摄政,冢宰并非先王之子,不受"三年无改"原则的限制,可径行更改先王恶政。只是自汉而下,历代帝王基本奉行以日易月的短丧之制,不存在冢宰摄政之事,皇侃的解释实际上并不能解决问题。

至于北宋,在疑经思潮的影响下,欧阳修开始对经典本身提出质疑。他认为"三年无改"之说过于绝对化,"事亲有三年无改者,有终身而不可改者,有不俟三年而改者"。其中"不俟三年而改者"就是针对先王之政为恶的情形:"凡为人子者……不幸而瞽、鲧为其父者,虽生焉犹将正之,死可以遂而不改乎?"但圣人之言,言之凿凿,又如何能够在传统训解之外别立新说呢?欧阳修认为,这些言辞很可能是经典在流传中所掺入,而非夫子自道:"夫子死,门弟子记其言,门弟子死,而书写出乎人家之壁中者,果尽夫子之云乎哉?"⑤ 从根本上质疑其真实性。只是这一新说纯属臆测,并无任何文献上的依据,自难厌服众心。

当司马光等人着手废除神宗新法之际,士大夫群体对于"三年无改于

---

① 程树德撰,程俊英、蒋见元点校《论语集释》,中华书局,2014,第 56 页。
② 何晏集解《论语》卷 2《论语里仁第四》,《四部丛刊》初编,上海古籍出版社,1989。
③ 程树德撰,程俊英、蒋见元点校《论语集释》,中华书局,2014,第 1712 页。
④ 程树德撰,程俊英、蒋见元点校《论语集释》,中华书局,2014,第 56 页。
⑤ 欧阳修撰,洪本健校笺《欧阳文忠公集》,上海古籍出版社,2009,第 1590~1591 页。

父之道"等儒家孝道的理解仍囿于孔安国、郑玄的训解。如哲宗初年尚在开封府推官任上的张商英，上疏反对废除新法："'三年无改于父之道，可谓孝矣。'今先帝陵土未干，即议变更，得为孝乎?"① 《宋史·司马光传》亦载："是时天下之民，引领拭目以观新政，而议者犹谓'三年无改于父之道'。"② 司马光对于新法派以孝道为由反对更化的做法应该是有心理准备的。在《乞去新法之病民伤国者疏》中，他申辩称，"三年无改"等说法乃"谓无害于民，无损于国者，不必以己意遽改之耳。必若病民伤国，岂可坐视而不改哉"③。如此理解虽合乎情理，但既不能从经典原文直接导出，又无法从后世的训解中获得支持，特别是在新旧两党围绕新法善恶各执一词的情况下，这样的申辩自是难有说服力。无奈之下，司马光另辟蹊径，避开"以子改父"的争议，利用神宗之母太皇太后高氏临朝的特殊情势，打出了"以母改子"的旗号，声称："先帝之法，其善者虽百世不可变也。若安石、惠卿所建，为天下害者，改之当如救焚拯溺。况太皇太后以母改子，非子改父。"据说此论一出"众议甫定"。④

不过，这种"众议甫定"的局面更可能只是强权压制的结果，"以母改子"说只能是一种权宜之计，朱熹就指出司马光此举乃是"见得事急，且把做题目"⑤。也就不能从根本上否定以子继父的合理性，当时就有人向司马光进言："熙、丰旧臣，多憸巧小人，他日有以父子义间上，则祸作矣。"司马光无法从理论上彻底化解这种风险，只能将之寄托于天，宣称："天若祚宗社，必无此事。"⑥ 然而，天似乎并未如司马光希望的那般眷顾宋朝。哲宗亲政，朝廷上随即有人对"以母改子"说提出批判，监察御史周秩上疏："司马光以元祐之政以母改子，非子改父，失宗庙之计。朝廷之政，必正君臣之义，以定父子之亲，岂有废君臣父子之道，而专以母子为言?"又称："遗诏明白，必以嗣君为主，则光岂不知当循皇家父子之正统?"⑦ 徽宗

---

① 脱脱等撰《宋史》，中华书局，1977，第 11095 页。
② 脱脱等撰《宋史》，中华书局，1977，第 10767 页。
③ 司马光撰，李文泽、霞绍晖校点《司马光集》，四川大学出版社，2010，第 990~991 页。
④ 脱脱等撰《宋史》，中华书局，1977，第 10767~10768 页。
⑤ 黎靖德编，王星贤点校《朱子语类》，中华书局，1986，第 3089 页。
⑥ 脱脱等撰《宋史》，中华书局，1977，第 10768 页。
⑦ 杨仲良：《皇宋通鉴长编纪事本末》，《续修四库全书》第 386 册，上海古籍出版社，2002，第 173 页。

即位，邓洵武亦以子承父志鼓吹新法，奏称："陛下乃先帝子，今相（韩）忠彦乃琦之子。先帝行新法以利民，琦尝论其非，今忠彦为相，更先帝之法，是忠彦能继父志，陛下为不能也。"① 正是在这一系列言论的激励下，哲宗、徽宗先后高扬继志述事的"绍述"旗号，厉行新法，继续神宗未竟之事业。

北宋晚期政治上的翻覆成因复杂，但站在后来者的立场，司马光废除新法之际，未能妥善解决以子继父的孝道问题，势必是要担负一定责任的。绍圣初，陈瓘"极论熙、丰、元祐之事，以为元丰之政，多异熙宁，则先志固已变而行之。温公不明先志，而用母改子之说，行之太遽，所以纷纷至于今日"②。他在政治上赞成变更新法，但并不认同司马光用"以母改子"的名义推行更化。在他看来，神宗元丰施政不同于熙宁，表明神宗已意识到新法的问题所在，有意更化改制。司马光若能揭明此点，元祐更化就不再是"以母改子"，而恰恰是"以子继父"，名正言顺，如此就不至于引起朝廷上纷争不休。南宋士人吕中称："变熙宁之法者，乃神宗末年之悔，太皇初年之盛心，天下人心之公论也。司马光谓先帝之法善者虽百世不可改。若安石、惠卿等所建，非先帝意者，改之当如拯焚救溺，此正孔子三年无改于道之本旨也。然谓太皇以母改子，则它日章、蔡之徒必以子不可改父之说进者，此绍述之论所由起也。"③ 他认为司马光"以母改子"说不仅有欠考量，而且还埋下了后来"绍述"的祸根。

无论是陈瓘还是吕中，在批评司马光的同时，提出的解决之道都是强调神宗晚年已有改变新法之意，将元祐更化塑造成是对先帝意志的继承，以此来抵挡新法派的攻击。这实际上是承认了继体之君当遵循先王之政以恪尽孝道原则的合理性。只是神宗晚年是否有悔过之意，单纯从熙宁、元丰施政的差异上很难明显看出，至少神宗并没有向朝野发出改弦更张的明确信号，司马光即便采用这种办法恐怕也未必就能平息争议。

三 胡寅对"三年无改于父之道"的新阐释

两宋之际的士大夫更多乃是围绕"三年无改于父之道"等经典论述的

---

① 脱脱等撰《宋史》，中华书局，1977，第 10600 页。
② 李焘撰《续资治通鉴长编》，中华书局，1995，第 11531 页。
③ 佚名撰，汪圣铎点校《宋史全文》卷 13 上，中华书局，2016，第 806 页。

内涵进行论辩。朱熹称："自新法之行，诸公务为缘饰，文致一词，将此一句辨论无限，而卒莫之合也。"① 胡寅就是这些士大夫之一，他借对历史的评论发表了对子承父志孝道观念的新理解。

胡寅在政治上倾向于旧党，对王安石以来的变法不以为然，指责其直接导致了靖康之变的惨剧，"自熙宁革祖宗五世之政，为开边、聚敛之事，以失民心、基祸本。元祐削之，尽复于旧，天下晏然，衣食滋殖。绍圣崇观，治改父之罪，遵达孝之文，未三十年，胡尘犯阙，两宫北狩，中原涂炭，南北不合，其治乱之效，最为著明"②。在《读史管见》中，胡寅针对《资治通鉴》有关汉昭帝继位后"罢榷酤官，从贤良文学之议也"的记载展开了评论。榷酤官之立是汉武帝富国强兵政策的一环，昭帝作为武帝之子将其废除，就涉及了孝道问题。胡寅首先自我设问："孝昭继统，霍光受遗，而改武帝所为，可乎？"随后肯定答道："文、景躬行节俭，轻徭薄赋，省刑寝兵，与天下休息。武帝一切反之，以致赭衣蔽路，群盗满山，若非晚节自悔，未必无亡秦之祸也。孝昭安得而不改？"③ 只是这同样会与"三年无改于父之道"以及"不改父之臣与父之政"的儒家孝道原则相抵触，如何处理这种矛盾呢？胡寅接下来针对这两条原则进行了分析：

> 然则孔子所谓"三年无改于父之道"，然后为孝者，则如何？曰：非此之谓也。于父之道者，谓亲丧所当自尽者也。于之为言，依近慕思之意也。执丧三年，依近慕思，不少变焉，可谓孝矣，岂指父道而言哉？然则曾子所称"孟庄子不改父之臣与父之政"，以为难能之孝者，则如何？曰：非此之谓也。孟庄子之未继世也，必其先臣、先政有为不利于己者，他人不能不改，而庄子能之，是以曾子称其难也。难云者，犹圣人所谓可以为难矣，仁则吾不知也，然则固不必以不改为孝也。夫奸臣贪秕政利己，恐君变之，则劫以继志述事，而指更改为不忠者，必引孔子、曾子之言，盖讲之者未明耳。……是故昭帝之职，于先政之害民病国者，义当亟改，不得顾私情而稔祸患，以丧败

---

① 黎靖德编，王星贤点校《朱子语类》，中华书局，1986，第 512 页。
② 胡寅撰，刘依平校点《读史管见》卷 15，岳麓书社，2011，第 541 页。
③ 胡寅撰，刘依平校点《读史管见》卷 15，岳麓书社，2011，第 57 页。

其国家。……虽大将军久事先帝,见其施设,不敢固执,惟是之从。故能于海内耗虚、户口减半之后,不三数年,百姓充实,稍复文、景之业。昭帝可谓孝子,霍光可谓忠臣矣。①

按传统训解,"三年无改于父之道"乃是完整的一句话,其中"父之道"乃是指父亲所行之道。但在胡寅看来这种解释是不恰当的,他认为当在"三年无改"与"于父之道"之间断开,将后者视作独立的语词,其中"于"字乃"依近慕思之意",这一语词完整的意思为"亲丧所当自尽者也"。"自尽"谓何?胡寅在《请行三年丧札子》中解释称:"自尽者,言己之亲,己当竭其哀痛,非他人所能止也。"②"三年无改于父之道"的意思就是:"执丧三年,依近慕思,不少变焉,可谓孝矣。"也就是说,人子在服丧的三年期间,能够始终如一地保持对亡父的思慕哀痛之心,就可以称得上是孝了。这里的"父之道"不再是父亲所行之道,而变成了人子事父之道。如此,圣人的这句话就与继体之君是否需要遵循先王的治国之道没有任何关系了。相较于欧阳修的质疑,胡寅仅仅调整句读就让这句话生出全新的含义,显然更有说服力。

对于"孟庄子不改父之臣与父之政",胡寅也给出了新的解释:孟庄子尚未继位之时,其父之臣与父之政中曾有"不利于己者",对于一般人来说,一旦父亲不在,自己大权在握,势必会对这些人与政进行更改,但孟庄子没有如此做,所以被圣人称赞为难能可贵,是恪尽孝道的行为。此处的"父之臣"与"父之政"都仅仅与人子的个人利害有关,与这些"臣"与"政"本身是否有害于国家无关,也即与先王治国之道的善恶无关。换言之,假如先王之道是恶的,继体之君依旧可以更改,即所谓"固不必以不改为孝也"。

胡寅声称,正是前人对于这两句话的理解存在偏差,导致"奸臣贪秕政利己,恐君变之,则劫以继志述事,而指更改为不忠者,必引孔子、曾子之言"。而实际上这两句都与要求继体之君奉行先王之道没有任何关系,如此也就对新君的施政不具有任何的约束力,新君自可根据先王之政的善

---

① 胡寅撰,刘依平校点《读史管见》卷 15,岳麓书社,2011,第 57~58 页。
② 胡寅撰,尹文汉校点《斐然集》,岳麓书社,2009,第 221 页。

恶情况选择继承或更改。改变先王弊政，不仅不悖于儒家的孝道，反倒是尽孝的表现，故汉昭帝、霍光君臣废除武帝法度，使汉朝"于海内耗虚、户口减半之后，不三数年，百姓充实，稍复文、景之业"，方才称得上是孝子、忠臣。

胡寅撰写此书时，南宋建立已近三十年，北宋晚期的新旧党争随着宋室南渡已烟消云散，无论是"以母改子"还是"以子继父"，似乎都与现实政治关系不大，他何必还要汲汲于申辩呢？胡寅有关隋代的一则评论或可提供答案：

> 绍兴初，有一旧弼谓予曰："元祐臣僚之子孙，必欲行其家学，而使人主不得行祖考之志，此何理也？"呜呼！自绍圣而后，言绍述者众矣，而未有深切中的如此言者！人主而闻此，绍述之志，岂不益坚，而忧国正论，岂复可入？所谓一言丧邦，此类是矣。①

进入南宋后，北宋晚期的新旧党争趋于消解，但新党中人似乎并未切实意识到其主张的"错误性"。新党中人的子孙后代、门生故吏以及其他有关之人依旧活跃于朝野上下，尤其是新党所宣扬的变法思想仍具有相当影响。这些因素的存在就难以保证新旧党争不会死灰复燃。因此，对于胡寅来说，这种申辩就绝非无的放矢，而是有着迫切的现实意义。

胡寅所遇到的情形的确不是偶然的。绍兴三年，常同对高宗言道："今在朝之士，犹谓元祐之政不可行，元祐子孙不可用。"高宗表示认可，称"闻有此论"。常同称："今可谓是非定矣，尚犹如此，盖今日士大夫犹宗京、黼等倾邪不正之论。"② 表明其时士大夫中还有尊崇蔡京、王黼等人思想之人。绍兴六年（1136），金部员外郎陶恺上奏："陛下未能建大中至正之道，未能平党与，未能修政，未能用人。"③ 高宗在政治上明确主张尊崇元祐，陶恺要求建"大中至正之道"就等于劝说高宗起用新党中人，当时有臣僚为此指出，"自绍圣之后，每为小人所胜，必假神宗皇帝为名，始于

---

① 胡寅撰，刘依平校点《读史管见》卷 15，岳麓书社，2011，第 541 页。
② 脱脱等撰《宋史》，中华书局，1977，第 11624 页。
③ 李心传撰，胡坤点校《建炎以来系年要录》，中华书局，2013，第 1861 页。

建中，终于大乱"①，故李心传称陶恺："其言颇主绍述之说。"② 稍后又有监察御史刘长源在高宗面前为新党中人辩护，"或谓应系崇宁以后人臣之子孙皆不可用，臣恐其失近于罚及其嗣，而其人未必皆愚"③。尽管陶、刘两人皆遭惩处，但也反映出新党依旧具有一定势力。绍兴九年（1139），赵鼎罢相。赵鼎尊崇道学，反对新法，曾上疏高宗："自熙宁间王安石用事，变祖宗之法，而民始病……至崇宁初，蔡京托绍述之名，尽祖安石之政。凡今日之患始于安石，成于蔡京。今安石犹配享庙廷，而京之党未除，时政之阙无大于此。"追夺了王安石配享神宗庙廷的资格。④ 他的罢相被新党中人视作政治气候发生转变的信号，章惇子孙随即赶赴临安要求平反，"（谢）祖信既历论赵鼎落节，于是章氏诸孙咸集阙下，再谋理诉，并及史事"⑤。高宗对宰执言道："闻章惇家有人欲陈诉，以赵鼎去，便谓事有变更。此事乃出朕意，赵鼎何预？闻有从官为之主议者。"高宗所说的从官就是吏部侍郎谢祖信，为章惇女婿。⑥ 谢祖信为此遭到外放。直至绍兴十二年（1142），尚有举子上书"乞用王安石《三经新义》"⑦。这些都表明胡寅对"三年无改于父之道"等儒家孝道原则的辩解有着重要的现实意义，意在防止新党中人借"继志述事"的旗号再次挟持君主推行新法。

四 结论

司马光在元祐初年为废除新法，面对新法派官员以子承父志之孝道为名目进行的阻挠，贸然提出了"以母改子"的权宜之计，但这并不能从根本上否定子承父志的合理性，从而为后来新法派推翻元祐之政重新变法提供了有力借口。对于支持元祐之政的士大夫来说，要想驳倒新法派的这一孝道名目，就不得不对儒家的圣人之言予以正面回应。胡寅借对历史的评论给出了新的解释，将传统上的"三年无改于父之道"重新解释为人子无

---

① 李心传撰，胡坤点校《建炎以来系年要录》，中华书局，2013，第 1882～1883 页。
② 李心传撰，胡坤点校《建炎以来系年要录》，中华书局，2013，第 1861 页。
③ 李心传撰，胡坤点校《建炎以来系年要录》，中华书局，2013，第 1963 页。
④ 脱脱等撰《宋史》，中华书局，1977，第 11286 页。
⑤ 李心传撰，胡坤点校《建炎以来系年要录》，中华书局，2013，第 2423 页。
⑥ 李心传撰，胡坤点校《建炎以来系年要录》，中华书局，2013，第 2423 页。
⑦ 李心传撰，胡坤点校《建炎以来系年要录》，中华书局，2013，第 2741 页。

改事父之道，即人子为其父服丧三年，极尽哀伤思慕之心。同时，又将"孟庄子不改父之臣与父之政"理解为人子不改变父亲所用之臣与所行之政中对自己不利的部分。如此，这两句话就都与要求继体之君奉行先王之政不存在任何关联，其对新君施政的约束力也就不存在了，新君可以根据需要，对先王的善政予以继承，对恶政则可立即更改。绍兴年间，新旧党争虽已消解，但新党的支持者依旧具有一定势力，仍然在寻求东山再起的机会，胡寅的解释有着强烈的现实针对性，意在消解对帝王必须继承先君之政的硬性约束，以防止新党中人在南宋再次以孝道为由，鼓动高宗起用新党，推行变法。不仅如此，胡寅的新解或许还有另外一重意义。胡寅本身是坚定地反对与金朝议和者，他就是因此得罪秦桧而被贬谪新州。他很清楚和议既是秦桧主导的，同样也是高宗的旨意。若要朝廷转变政策，或许只能寄希望于未来的君主，解除"三年无改于父之道"等经典言论对君主施政的约束，就可为日后新君扭转和议政策提供便利。

湘学传统中的公私观

彭秋归[*]

摘　要： 公私关系问题是湘学发展史上的一个重要议题，对于湖南爱国主义、家国情怀和经世思想的形成具有重要影响。在湘学公私观的思想建构和实践探索中，张栻、王船山、毛泽东发挥了关键作用。张栻在天理之公与人欲之私的对比中，提倡大公无私、为公去私，同时强调不能忽略百姓共同之私。王船山强调为政者要做到"公天下"，主张满足百姓正当的私欲，进一步区分了一人之正义、一时之大义与古今之通义，要求小义服从大义、重公者轻私者。毛泽东处理公私关系的基本准则，体现为大公无私、先公后私、公私兼顾三个方面，对于今天正确看待和处理公私关系依然具有重要价值。

关键词： 公私观　张栻　王船山　毛泽东

公私观是中国思想史上的重要议题，涉及每个人的价值取向、利益追求和社会行为，引起历代思想家的高度重视和深入探讨。湖南人素以心忧天下的担当与爱国主义的精神著称于世，湘学传统亦以家国情怀与经世学风为世人所重。这种精神的背后，是对于公私关系殊为深切的理解与践行。本文根据湘学公私观的发展脉络，以张栻、王船山和毛泽东为中心，对于湘学传统中的公私关系展开历史性考察。这三位思想家关于此问题的论述在湘学中最为典型和丰富，能够体现一个时代的社会风气和学术精义，对后世产生了较大影响。同时，他们又都处于时代转换的大变局中，对于民族国家之危亡感受尤深，因此舍一人一家之私，为一国一民族之公，践行自己的公私观最为坚决和彻底。在理论建构和实践探索中，他们都是湘学思想家的代表。

---

*　彭秋归，湖南省社会科学院马克思主义研究所助理研究员。

一　张栻：天理之公与人欲之私

张栻为南宋初期人，出生在四川，因随父张浚寓居湖南多年，又求学于湖湘学派创立者胡宏，并主教岳麓书院，从学者众多，初步奠定了湖湘学派的规模，成为湘学的重要代表，被誉为"一世学者宗师"。在宋朝遭受北方强敌蹂躏、风雨飘摇之际，张栻以民族大义，反对议和，力主抗金，朱熹称之为"慨然以奋伐仇虏，克复神州为己任"①，表现出强烈的爱国主义情怀和天下兴亡的担当。

张栻关于民族国家与个人命运的关系，反映在他对于公私义利问题的认识当中。他提出："盖义者，天理之公"②，"至于利，则一己之私而已"③。又曰："无所为者天理，义之公也；有所为者人欲，利之私也。"④由此可见，张栻将天理的呈现称作为公、为义，把对个人欲望的满足称作为私、为利。以"公"来描述天理，也就是强调它的普遍性与恒常性，因为天理是大公至善、恒常遍在、超越无限的本体。而从"私"描述"人欲"之时，则是强调其个人的原子性和局限性。进而言之，为公强调的是超出"一己之私"的整体利益，为私强调的则是满足个人欲望，公私因此而判然两分。张栻有云："君子小人之分，公私之间而已……天理人欲不并立也。"⑤这种对立落实到人身上，就意味着公私义利处于十分紧张的对立冲突关系，或为善，或为恶，善恶公私不两立。张栻之所以有这样的看法，则是源于他对道德本性的理解。

张栻提出："人之良能良知，如饥而食、渴而饮，手执而足履，亦何莫非是乎……盖如饥食渴饮、手持足履之类，固莫非性之自然，形乎气体者也。形乎气体，则有天理，有人欲。循其自然，则固莫非天理也；然毫厘之差，则为人欲乱之矣。"⑥这里何为天理、何为人欲？为什么天理是公、

---

① 《张栻全集》，杨世文、王蓉贵点校，长春出版社，1999，第 1239 页。
② 《张栻集》，杨世文点校，中华书局，2015，第 258 页。
③ 《张栻集》，杨世文点校，中华书局，2015，第 603 页。
④ 《张栻集》，杨世文点校，中华书局，2015，第 1007 页。
⑤ 《张栻集》，杨世文点校，中华书局，2015，第 108 页。
⑥ 《张栻集》，杨世文点校，中华书局，2015，第 595 页。

人欲为私呢？张栻认为，人本来都具有良能良知的道德本性，饥而食、渴而饮，都是顺其自然的符合天理的行为，无不善也。但由于人又是有形之体，这个形体乃是由气构成的，人所禀的这个气"不无清浊厚薄之不同"①，这就使得良能良知落实到人身上，因为气的不同，而呈现种种差异。"论性之本，则一而已矣，而其流行发见，人物之所禀，有万之不同焉。"② 也就是说，所有人的本性都有其普遍性的为公的一面，同时具体到个人，又有不同的为私的一面。若人之气禀清明，则其善性可以得到充分无碍的呈现，如此便是天理的流行；若人之气禀浑浊，则其善性就会被蒙蔽，人欲就会萌生，控制不力就会导致恶行。就此而言，"天理"实质上代表"善"的价值，体现"公"的要求；而"人欲"则表征着"恶"的取向，体现"私"的一面。张栻云："性不能不动，感于物则动矣……因其动也，于是而始有流为不善者……至此，则岂其性之理哉？一己之私而已。于是而有人欲之称，对天理而言，则可见公私之分矣。"③ 现实中的人与物接触，感物而动，产生好恶之情，如果不加节制，就会流为不善，这不是本性的问题，而是个人的私欲所造成的。当然，这里的"人欲"也并非人的一切欲望之泛称，而是相对"天理"之公，特指人的一己之私。

即使人在现实中流为不善，但人有"虚明知觉之心有以推之"④，能够凭借理性反思自己的行为，就是通过"有修道之教焉，可以化其气禀之偏，而复全夫尽己之性，尽人之性，尽物之性"⑤。也就是说，人能够变化原来的气质，克服人欲之私，复归本然善的状态。从道德本体而言，这是由于人性秉自天理，因此先天就是善的。所以顺其善性而作为，是合乎天理的，体现为大公无私，一切行为都是天理的体现；如果逆其善性而乱作为，则是与天理相违背的，是去公存私，一切行为就都沦为人欲之私。公私、义利的分判也就体现于此。

张栻虽然从道德意义上截然分判公私、义利，主张大公无私、去利就义，但这并非绝对意义上的禁欲主义。他所反对的是超出合理范围、不合

---

① 《张栻集》，杨世文点校，中华书局，2015，第 275 页。
② 《张栻全集》，杨世文、王蓉贵点校，长春出版社，1999，第 427 页。
③ 《张栻集》，杨世文点校，中华书局，2015，第 1059~1060 页。
④ 《张栻全集》，杨世文、王蓉贵点校，长春出版社，1999，第 426 页。
⑤ 《张栻全集》，杨世文、王蓉贵点校，长春出版社，1999，第 427~428 页。

于理义的私利私欲，对于一些基本的生理欲求则给予充分肯定，强调"饥食渴饮、昼作夜息固是义"①，"夏葛而冬裘，饥食而渴饮，理之所固存，而事之所当然者"②。同时，他在政治上对于为政者的欲望也给予一定程度的鼓励，其前提是为政者在满足自己欲望的同时能够满足百姓欲望。百姓皆有的欲望就是一种"公欲"，"欲己与百姓俱无不足之患""欲己与百姓皆安于室家之常"，在张栻看来，如果做到这点，就是出于仁民爱众的公心，是"天理之公且常者"③。张栻说："人之于货与色也，惟其有于己也，是故崇欲而莫知纪极……苟惟推与百姓同之之心，则廓然大公，循夫故常，天理著而人欲灭矣。"④ 为政者由自己喜好货与色，推知百姓也喜好货与色，为了满足百姓货与色的喜好而励精图治，把个人欲望的满足融入无数百姓欲望的满足当中，这就达到了廓然大公的境界，就是天理的彰显。由此可见，在道德层面或者纯理论层面，张栻推崇绝对的为公去私，因为这是天理本然要求。但是在政治实践中，为政者在满足个人之私的同时，能够做到满足百姓之私，则这种私就有了公的意义，也就有了现实合理性。这种思想在后人王船山那里有更充分的说明。

二 王船山：一人之正义、一时之大义与古今之通义

明末清初的王船山，对于公私问题有着更为复杂的认识，他在继承湖湘学派公私观的基础上，结合明亡的历史局面和个体工商业发展的现实，对公私关系进行了重构。对于为政者而言，他要求做到"公天下"；对于百姓而言，他主张满足大家正当的私欲。最重要的是，王船山认为处理公私关系要区分不同的情况，以小义服从大义，提倡重公者而轻私者。

就"公天下"而言，王船山主要是对政治事务和政治人物提出了这方面要求，曰之为"王者以公天下为心"⑤。这是因为为政者致力的是公共事

① 《张栻集》，杨世文点校，中华书局，2015，第 1180 页。
② 《张栻集》，杨世文点校，中华书局，2015，第 881 页。
③ 《张栻集》，杨世文点校，中华书局，2015，第 339～340 页。
④ 《张栻集》，杨世文点校，中华书局，2015，第 340 页。
⑤ 《船山全书》第 10 册，岳麓书社，2011，第 427 页。

务，关系的是天下兴亡。因此要天下为公，"不以天下私一人"①，不能把天
下当作一人之私事。假若归为一人之私，则天下兴衰存亡系于一人的命运，
一般的百姓必然遭殃。换而言之，国家民族的公利重于一人一姓的私利，
不管这个人是君主还是普通百姓，公共利益都是首要的。"义利公私之别，
存亡得失之机，施之一家而一家之成毁在焉，施之一国而一国之兴废在焉，
施之天下而天下之安危在焉，岂有二理哉！"② 因此，任何人在参与公共事
务时都要"私心"无条件地服从"公心"，而且这种公心是天生的，"公者，
命也，理也，成之性也。我者，大公之理所凝也"③。既然是公心的承担者，
就要有这种舍我其谁的担当。

王船山在肯定人为大公之理所凝的同时，从天理和人欲的角度，并没
有否定人的欲望的存在。他认为天理与人欲同行，人性是天生的，人欲是
人性的组成部分，也是天生的。也就是说，有人则有人欲，如果天理借助
人而得以体现，那么这个体现天理的人，同时不可避免地拥有人欲，包括
饮食男女之欲。没有人欲，也就没有人，天理也就不能为人所体现，因此，
"终不离人而别有天，终不离欲而别有理"④。正是在"天理充周，原不与人
欲为对垒"⑤的立场上，王船山并不要求"禁欲"，而是对"人欲"进行了
公私、善恶的价值甄别，提出"欲字有褒有贬"⑥。进而言之，关于什么样
的欲是合理的，王船山认为："合于人心之所同然，故人见可欲。"⑦ 就是
说，那些声色臭味之人欲是每个个体都拥有的欲望，是一种共同的欲，具
有公共的伦理性质。这种公欲并不违背天理，可以与天理共存，具有一定
的正当性。当然，欲望不能超过公众共同的基本的部分，否则就失去公共
性，也就失去正当性，他们"纵其目于一色""纵其耳于一声""纵其心于
一求"，变成"贪欲"、"奢欲"和"私欲"。欲望一旦过度，人人效而仿
之，必然天下大乱。因此，要发扬人性中"公理"的作用，做到以理制欲，
将"私欲"克制在合理的程度，即"以理制欲者，天理即寓于人欲之中。

---

① 《船山全书》第 12 册，岳麓书社，2011，第 519 页。
② 《船山全书》第 7 册，岳麓书社，2011，第 97~98 页。
③ 《船山全书》第 12 册，岳麓书社，2011，第 418 页。
④ 《船山全书》第 6 册，岳麓书社，2011，第 911 页。
⑤ 《船山全书》第 6 册，岳麓书社，2011，第 799 页。
⑥ 《船山全书》第 6 册，岳麓书社，2011，第 757 页。
⑦ 《船山全书》第 6 册，岳麓书社，2011，第 757 页。

天理流行，而声色货利皆从之而正"①。欲望也可以是正当的，只要受到天理的制约。

从以上可以看出，王船山认为存在一种"公欲"，即人人都有的天生的欲望。这就将通常认定为恶的"人欲"，在更大范围上提升到了"公共""普遍"的层面，并使之具有了正当性。这种所谓的"私利"实质上是指个人的正当利益的集合，也就是说无数百姓共同的私利就是国家的公利，就体现为百姓的根本利益。其实，这是一种朴素的民本主义立场，真正看到了百姓的生存需要，"民之所为务本业以生，积勤苦以获，为生理之必需"②。他为这种生存需要提供合理性证明，要求为政者做到公天下，正视并维护这种生存需要。在王船山看来，为政者应该把百姓的富足放在第一位，强调"裕民以政""裕民则民富"，天下才能稳定，国家才能长治久安。特别是面对当时工商业的发展，王船山为商贾辩护的原因，也是从维护百姓的基本利益出发，因为工商业可以富民，满足百姓的需要。

当然，国家在富民、养民的同时，百姓也应该为国家的公利出力。王船山肯定国家公利的存在，强调百姓应该凭借自己的力量效力于国家，为国家提供赋税，而国家也要注意把握分寸，既保障百姓的生活，又维持国家的正常运转。其中的关系如何处理好？王船山从不同层次加以区别，强调"有一人之正义，有一时之大义，有古今之通义；轻重之衡，公私之辨，三者不可不察"③。就是说，义利公私都是具体的、相对的，在不同范围有不同价值层次，要注意辨别区分，正确处理。如果认识不到位，处理不当，"以一人之义，视一时之大义，而一人之义私矣；以一时之义，视古今之通义，而一时之义私矣；公者重，私者轻矣，权衡之所自定也"④。三义构成一个依次递进的关系，相比于一时之义，一人之义就是私，相比于古今之通义，一时之义就是私，孰轻孰重，一目了然。然而，这三种"义"有时能够统一，有时相互冲突，该如何理解呢？王船山又曰："三者有时而合，合则亘千古、通天下，而协于一人之正，则以一人之义裁之，而古今天下不能越。有时而不能交全也，则不可以一时废千古，不可以一人废天下。

---

① 《船山全书》第 1 册，岳麓书社，2011，第 355 页。
② 《船山全书》第 10 册，岳麓书社，2011，第 608 页。
③ 《船山全书》第 10 册，岳麓书社，2011，第 535 页。
④ 《船山全书》第 10 册，岳麓书社，2011，第 535 页。

执其一义以求伸，其义虽伸，而非万世不易之公理，是非愈严，而义愈病。"① 这就是说，一人之义要服从一时之义，一时之义要服从古今之通义，"古今之通义"是一种"大公"，具有最高优先性，其他"义"在它面前都是私，都应该服从它的需要。在王船山的语境中，这种"古今之通义"就是民族利益，就是其爱国精神的写照。

三　毛泽东：大公无私、先公后私与公私兼顾

毛泽东作为一名湖南人，虽然他的思想并不局限于湘学，但不能否认其理论来源中具有丰富的湘学元素，并且体现出一定的湖湘文化精神，其后受其影响滋养的湘人更是不计其数，推动着新的湘学不断向前发展。公私关系是毛泽东长期关注的一个理论与现实问题，他对此问题的看法与传统湘学既一脉相承，又体现出一个马克思主义者新的高度和原则，总体上可以概括为大公无私、先公后私、公私兼顾等方面。

早期的毛泽东深受湖湘文化和中国传统文化熏陶，他在给老师黎锦熙的信中提出"大同者，吾人之鹄也"② 的理想，表达了对于"大同境域"的无限向往。同时，他猛烈批判当时不公平的私有财产制度，认为是"少数人所得而私"，这些人是"重利盘剥的人，坐拥遗产的人和挟资经营产业的人"③。正是基于这样的认识，毛泽东渴望进行社会变革，提出了对于新社会的设想："新社会之种类不可尽举，举其著者：公共育儿院，公共蒙养院，公共学校，公共图书馆，公共银行，公共农场，公共工作厂，公共消费社，公共剧院，公共病院，公园，博物馆，自治会。"④ 显而易见，这种新社会就是青年毛泽东心目中立足于公的大同社会，体现了他对于公私问题的初步看法。

自毛泽东接受马克思主义，成为一名共产党员之后，他对公私问题的认识进一步融入其革命实践工作和马克思主义理论中国化的历程当中。1941年8月6日，在写给陕甘宁边区政府秘书长谢觉哉的信中，毛泽东批评边区

① 《船山全书》第10册，岳麓书社，2011，第535页。
② 《毛泽东早期文稿》，湖南出版社，1990，第89页。
③ 《毛泽东文集》第1卷，人民出版社，1993，第8页。
④ 《毛泽东早期文稿》，湖南出版社，1990，第454页。

政府的投资预算只顾及公营单位，没有照顾私人经济，明确指出不能有公而无私，要公私兼顾。1942 年 12 月，毛泽东在陕甘宁边区高级干部会议上作了《经济问题与财政问题》的报告，确立了共产党人处理公私问题的新的原则，即"在公私关系上，就是'公私兼顾'，或叫'军民兼顾'"[①]。也就是说，面对当时边区的困难局面，为了繁荣边区经济，毛泽东肯定了合法的私人经济的存在，鼓励发挥他们对于革命工作的积极作用。

"公私兼顾"实际上是毛泽东在不同革命时期基本坚持的原则，他始终注意利用和发挥合法的私有财产在促进社会生产、丰富人民生活、支持中国革命等方面的作用。比如，为促进国民经济的恢复和发展，1950 年毛泽东在《为争取国家财政经济状况的基本好转而斗争》中提到"在统筹兼顾的方针下，逐步地消灭经济中的盲目性和无政府状态，合理地调整现有工商业，切实而妥善地改善公私关系和劳资关系"，并明确指出"有些人认为可以提早消灭资本主义实行社会主义，这种思想是错误的，是不适合我们国家的情况的"[②]。1956 年 4 月，毛泽东在《论十大关系》中，专门探讨了国家、生产单位和生产者个人的关系，要求"不能只顾一头，必须兼顾国家、集体和个人三个方面，也就是我们过去常说的'军民兼顾'、'公私兼顾'"[③]。在 1957 年撰写的《关于正确处理人民内部矛盾的问题》一文中，毛泽东再次强调在农业合作化过程中要兼顾国家、合作社和农民三者的利益。

1959 年 12 月至 1960 年 2 月，毛泽东研读苏联《政治经济学教科书》，就书中关于公私利益的问题提出了自己独立的看法。他强调物质利益不能仅仅关心个人利益、暂时利益、局部利益，还应当重视集体利益、长远利益、全局利益，应当提倡个人利益服从集体利益，暂时利益服从长远利益，局部利益服从全局利益。在这个过程中，毛泽东注意运用马克思主义立场、观点和方法分析公私关系，指出："公是对私来说的，私是对公来说的。公和私是对立的统一，不能有公无私，也不能有私无公。我们历来讲公私兼顾，早就说过没有什么大公无私，又说过先公后私。个人是集体的一分子，集体利益增加了，个人利益也随着改善了。"[④] 在这里，毛泽东从辩证的角

---

① 《毛泽东选集》第 3 卷，人民出版社，1991，第 894~895 页。
② 《毛泽东文集》第 6 卷，人民出版社，1999，第 71 页。
③ 《建国以来毛泽东文稿》第 6 册，中央文献出版社，1992，第 87 页。
④ 《毛泽东文集》第 8 卷，人民出版社，1999，第 134 页。

度，论述了公与私的对立统一关系，尤其是在公私兼顾的基础上，肯定了先公后私的价值，也就是要求以集体利益、整体利益、长远利益为先，个人利益服从集体利益，以集体利益的增加来改善个人利益。

总而言之，毛泽东处理公私关系的基本原则体现在三个方面，即大公无私、先公后私、公私兼顾。大公无私，虽然对于社会大众要求过高，但是确有少数先进分子尤其是一些优秀共产党员能够以身作则、率先垂范，时时处处为集体利益和他人利益着想，甘愿奉献自己的一切。先公后私，对于一个马克思主义政党而言，衡量党性强弱的根本尺子就是公、私二字，始终坚持立党为公、执政为民，处理好公私义利的关系，是共产党应有的品格和追求。公私兼顾，是毛泽东在处理经济问题中坚持的原则，符合中国的发展实际，需要大众继续长期坚持。由此可见，在社会主义发展的不同阶段，在对待马克思主义者和大众的不同情况时，应该正确把握公私问题的辩证关系。

四　结语

从湘学关于公私关系问题的探讨中可以看出，这个问题一直是湘学中一个重要议题，两者呈现为历史的具体的对立统一关系，在不同时代表现出不同的内涵和外延，并与其他相关范畴，如义利、理欲等相互纠葛，随时代发展而不断深入。湘学公私观，大体上有大公无私、先公后私、公私兼顾三种维度，道德上强调公的绝对性、优先性、普遍性，在现实中又注意兼顾个人的正当之私，重视老百姓的根本利益，最后其实还是坚持了尚公的立场。

湘学传统中的公私观既与中国思想之整体发展史相统一，又具有十分浓郁的地域特色。湖湘文化中的天下情怀、爱国主义与经世学风，是公私关系在湘地湘人生活实践中十分典型的文化表征。对于公私关系的不同认识和践行，必然会反映到人们不同的集体主义意识形态当中，因此，公私观构成了爱国主义和经世思想的世界观和认识论基础。集体主义精神，本质上意味着对于个人利益的超越，而升华到对于国家、民族和百姓之廓然大公之心。在屈原"长太息以掩涕兮，哀民生之多艰"、范仲淹"先天下之忧而忧，后天下之乐而乐"、杨度"若道中华国果亡，除是湖南人尽死"、毛泽东"为有牺牲多壮志，敢教日月换新天"、陶铸"如烟往事俱忘却，心底无私天地宽"的伟大诗句中，可以鲜明地看到湖南人对于公的追求和自我牺牲精神。

公私观具有鲜明的实践旨趣，尤其在社会主义市场经济条件下，湘学公私观中的尚公精神，在新的时代条件下若能加以扬弃继承、转化创新，赋予其新的时代内涵和现代表达形式，就能够为当代人正确看待和处理公私关系提供引导和借鉴，为新时代的爱国主义和经世致用精神提供世界观和认识论支撑。

【湘学人物】

唐九德生平事迹及历史地位评析

刘　涛[*]

摘　要： 唐九德是明代嘉靖年间湘潭军籍进士，活跃在嘉靖到万历初年的名宦与名将，影响至今。历任江西新喻知县，户部主事、员外郎、郎中，福建漳州知府，福建副使，浙江副使，广东布政司左参政、参将，广东按察使。在应对"南倭北虏"中功勋卓著，促进漳州月港海洋社会转型，名扬海内外。在海澄获建祠堂，备受张燮称道，万历癸丑《漳州府志》始为其立传。从而填补学术研究空白，有利于促进地域文化交流，为新时期地域文化研究提供新的路径。

关键词： 唐九德　唐斯盛　卫所军户　戚继光　海澄县

唐九德（1529~1576），字伯懋，号麓阳，人称麓阳先生，湖广长沙府湘潭县军籍进士，嘉靖二十八年（1549）入泮，嘉靖三十四年（1555）中举，嘉靖三十五年（1556）联捷进士，初授江西临江府新喻县知县，嘉靖三十八年（1559）升任户部主事，嘉靖四十一年（1562）升任户部员外郎，嘉靖四十二年（1563）升任户部郎中，嘉靖四十三年（1564）升任漳州府知府，隆庆二年（1568）升任福建副使。隆庆三年（1569）遭劾归里，家居二载。隆庆五年（1571）升任浙江副使、金衢兵备道，旋升广东布政使司左参政。万历元年（1573）改任参将，以军功获升一级，拟任广东按察使，再遭弹劾，遂辞官归里，家居三载而卒。唐九德在漳州任上，帮助戚继光平定吴平、苏阿普起事，设置海澄县，促进海澄全面发展，是其主要事功。为此，闽南历史名人张燮为撰《通议大夫、广东按察使麓阳唐公

* 刘涛，福建龙岩学院闽台客家研究院客座研究员，广东肇庆学院肇庆经济社会与历史文化研究院历史文化研究员。

传》，在万历癸丑《漳州府志》始为其立传，事迹见载崇祯《海澄县志》。

目前，学术界未有唐九德研究，虽有李贤强、吴宏岐《明代福建月港"二十四将"叛乱与设县问题再研究》一文略及唐九德与海澄县关系，却未发现唐九德在海澄县的文治武功，未指出其为促进海洋社会转型做出的重要贡献。唐九德史料详载张燮所撰唐九德传，并经张燮始获立传，影响至今。然而，陈庆元《张燮年表》一文考述张燮交游，却未发现张燮及其父张廷榜与唐九德、唐斯盛父子长期交往，未认识到其中蕴含的地域文化交流、重新审视海洋文明的历史意义。①

基于唐九德的事迹长期被湮没，未能获学术界应有的关注，翔实记载唐九德史料的张燮所撰唐九德传也存在错漏。本文将围绕张燮《通议大夫、广东按察使麓阳唐公传》一文，广泛搜集新旧地方志、《明实录》、科举史料等资料，在文献分析基础上，进行文本分析。通过翔实考证唐九德生平事迹，针对唐九德主要事功漳州府知府进行专题论述，还原唐九德应有的历史地位，揭示唐九德的历史影响，探索文本的书写过程，促进地域文化之间的交流与合作。

一　唐九德生平事迹考实

（一）志向远大，学业有成

唐九德字号。

《嘉靖丙辰同年世讲录》记载："唐九德，字伯懋，号麓阳。"② 张燮《通议大夫、广东按察使麓阳唐公传》记载："讳九德，字伯懋，人称麓阳先生。"③ 唐九德别号"麓阳"，人称"麓阳先生"。

唐九德生卒年。

张燮《通议大夫、广东按察使麓阳唐公传》仅载唐九德"年仅四十有

---

① 参见李贤强、吴宏岐《明代福建月港"二十四将"叛乱与设县问题再研究》，《中国边疆史地研究》2017 年第 2 期，第 124~126 页；陈庆元《张燮年表》，《南京师范大学文学院学报》2013 年第 1 期，第 182~188 页。

② 屈万里主编《明代登科录汇编》第 13 册，台湾学生书局，1969，第 6846 页。

③ 陈正统主编《张燮集》第 1 册，中华书局，1969，第 625 页。

八，卒于家"①，查《嘉靖丙辰同年世讲录》记载：唐九德"己丑年九月初六日生"②，此"己丑年"即嘉靖八年己丑年（1529）九月初六日，由此推算唐九德卒于万历四年（1576）。

唐九德籍贯。

《明嘉靖三十五年丙辰进士题名碑录（丙辰科）》记载，"唐九德，湖广长沙府湘潭县军籍"③，唐九德出身明代卫所军户。

唐九德家世。

《嘉靖丙辰同年世讲录》详细记载唐九德上溯三代祖先："曾祖铉；祖奉，寿官；父篁，生员。"唐九德曾祖唐铉；祖父唐奉，获封寿官；其父唐篁，张燮《通议大夫、广东按察使麓阳唐公传》称为"封公"，因唐九德父以子贵，得以获封父子同职。《万历丙戌科进士题名总录》记载：唐九德之子唐斯盛"祖篁，生员，累封中宪大夫、漳州府知府"④，唐篁先后获封户部郎中、漳州府知府。

唐九德生母。

《嘉靖丙辰同年世讲录》记载：唐九德"母许氏，赠安人，加恭人。继母袁氏、石氏"⑤。唐九德生母许氏，张燮《通议大夫、广东按察使麓阳唐公传》记载：唐九德"十六丁母艰，哀毁过礼"⑥。唐九德十六岁丧母，由唐九德生于嘉靖八年（1529），得知许氏应卒于嘉靖二十三年（1544）。许氏因唐九德显贵，获赠安人，继而又获赠恭人。唐九德生母去世后，唐九德父先后续娶袁氏、石氏，为唐九德继母。唐九德有兄弟五人，其居长。唐九德娶妻黄氏，以夫贵，获封安人，加封恭人。

张燮《嘉靖丙辰同年世讲录》记载：唐九德"幼有大志，父封公甚奇之"⑦。唐九德幼年就志向高远，深得其父称叹。唐九德在"弱冠补邑诸生，

---

① 张燮撰《霏云居集》卷 34《传》，载张燮著、陈正统主编《张燮集》第 1 册，中华书局，2015，第 628 页。
② 屈万里主编《明代登科录汇编》第 13 册，台湾学生书局，1969，第 6846 页。
③ 《明清历科进士题名碑录》第 2 册，台湾华文书局，1969，第 830 页。
④ 屈万里主编《明代登科录汇编》第 20 册，台湾学生书局，1969，第 11008 页。
⑤ 屈万里主编《明代登科录汇编》第 13 册，台湾学生书局，1969，第 6846 页。
⑥ 张燮撰《霏云居集》卷 34《传》，载张燮著、陈正统主编《张燮集》第 1 册，中华书局，2015，第 625 页。
⑦ 屈万里主编《明代登科录汇编》第 13 册，台湾学生书局，1969，第 6846 页。

学使者乔世宁，雅负知人之鉴，拔公第一"①。按唐九德生于嘉靖八年
（1529），二十一岁弱冠，在嘉靖二十八年（1549）入泮湘潭县儒学生员。
宗师"学使者乔世宁"，查《明世宗实录》：

> （嘉靖二十九年五月戊子）升湖广按察司提调学校副使乔世宁为河
> 南布政使司左参政。时湖广抚按官林云同、王忬交章荐世宁，校士精
> 勤，寒暑不辍，且品裁服人，请稍假以岁月，俟有成效，不次拔擢，
> 俱下所司知之。②

乔世宁在嘉靖二十九年（1550）五月之前担任湖广按察司提调学校副
使，唐九德在嘉靖二十八年（1549）入泮，正好是乔世宁任职期间，被定
为第一名。乔世宁在湖广宦绩突出，唐九德的确具有真才实学。唐九德为
何会获得乔世宁垂青？应与乔世宁同样出身军籍有关。《明嘉靖十七年进士
题名碑录（戊戌科）》记载："乔世宁，陕西西安府耀州军籍。"③ 乔世宁虽
与唐九德属于不同卫所，却都是明代卫所军户出身。乔世宁深知军籍社会
地位低下，军籍子弟矢志向学，唐九德正是军户子弟的代表，天资聪颖，
刻苦攻读，将来必成大器。

《嘉靖丙辰同年世讲录》记载：唐九德"乙卯乡试二名"④，唐九德在
嘉靖三十四年（1555）考取湖广乡试第二名。从唐九德被定为第一名秀才
来看，唐九德考取乡试第二名举人也是顺理成章的，是唐九德刻苦攻读的
结果。

《嘉靖丙辰同年世讲录》记载：唐九德以"《易经》"考取"会试四十
五名，廷试三甲五十名"⑤，唐九德在嘉靖三十五年丙辰（1556）考中会试，
名列第四十五名，会试成绩也较为理想。然而，唐九德在殿试中却名列三
甲进士，外放知县。唐九德会如何对待这一成绩？

① 张燮撰《霏云居集》卷 34《传》，载张燮著、陈正统主编《张燮集》第 1 册，中华书局，2015，第 625 页。
② 《明世宗实录》卷 360，载《明实录》第 9 册，台湾"中研院"历史语言研究所校勘，1962，第 6441 页。
③ 《明清历科进士题名碑录》第 1 册，台湾华文书局，1969，第 715 页。
④ 屈万里主编《明代登科录汇编》第 13 册，台湾学生书局，1969，第 6846 页。
⑤ 屈万里主编《明代登科录汇编》第 13 册，台湾学生书局，1969，第 6846 页。

（二）初授知县，即成名宦

唐九德初任江西临江府新喻县知县，道光《新喻县志》记载：

> 唐九德，湖南湘潭人，进士，嘉靖三十五年任。见名宦。①

查道光《新喻县志》唐九德传记载：

> 唐九德，湖广湘潭进士，嘉靖三十五年任。才识敏练，遇事绰有担当，均调徭役，培养士类，修葺学宫，锄抑豪强，善政不可殚述。擢户部主事去，历官至尚书。②

唐九德在嘉靖三十五年（1556）考中进士后即到任新喻，书中未载其任职时间，却称唐九德后来升任户部主事而去，官至尚书。据《嘉靖丙辰同年世讲录》记载：唐九德在"己未升户部主事"，即嘉靖三十八年（1559）升任户部主事，可知唐九德新喻任职三年。查《明史》《明实录》记载，唐九德未任尚书。按《嘉靖丙辰同年世讲录》记载：唐九德在"癸亥升郎中"③。张燮《通议大夫、广东按察使麓阳唐公传》则记载："己未，擢度支尚书郎。"④ 此"郎中"即"度支尚书郎"，也就是户部郎中，可写作户部尚书郎，因此新喻百姓误以为唐九德官至尚书。唐九德担任户部尚书郎的时间有两种不同记载，一是嘉靖四十二年癸亥（1563），二是嘉靖三十八年己未（1559）。按唐九德为《嘉靖丙辰同年世讲录》提供资料，从记载截止到"戊辰升福建副使"⑤ 来看，应撰于隆庆二年戊辰（1568），张燮《通议大夫、广东按察使麓阳唐公传》收录在张燮《霏云居集》，按《霏云居集》收录万历三十二年（1604）到万历三十九年（1611）诗文，张燮此

---

① 陆尧春修道光《新喻县志》卷7《秩官·县令·明》，中国国家图书馆藏，道光五年刻本，第6页。
② 陆尧春修道光《新喻县志》卷8《名宦·明·唐九德》，中国国家图书馆藏，道光五年刻本，第10页。
③ 屈万里主编《明代登科录汇编》第13册，台湾学生书局，1969，第6846页。
④ 屈万里主编《明代登科录汇编》第13册，台湾学生书局，1969，第6846页。
⑤ 屈万里主编《明代登科录汇编》第13册，台湾学生书局，1969，第6846页。

文也应在此间写就。《嘉靖丙辰同年世讲录》与张燮记载相比，较早刊行。因此，应以《嘉靖丙辰同年世讲录》所载为是，即唐九德在嘉靖四十二年癸亥（1563）担任户部尚书郎。可见在唐九德离任新喻四年后，新喻百姓仍心念唐九德，唐九德在新喻的确影响深远。

张燮《通议大夫、广东按察使麓阳唐公传》则披露唐九德一段逸事：

> 除令新喻。时分宜方倖用事，客有为公料理者曰："君第善自结，无忧不骤迁也。"公叱曰："黄绶岂相门私人耶？"既至，廉邑中豪冒役，舞文为奸，逮治之。即炎炎隆隆，公不为戢，民有争地者，持兵而斗，监司屡鞫，不能服，但曰："得唐公处分，吾属无讼矣。"既俾公即讯，竟帖然。居数年，人为之语曰："前有谢、赵，后有刘、唐。"谢、赵、刘者，皆前名令也。①

唐九德初授江西临江府新喻县知县，时值"分宜"受宠当权，此"分宜"即严嵩，因是江西袁州府分宜县人，故称"严分宜"，简称"分宜"。严嵩当道，有客建议唐九德巴结严嵩，不愁仕途不顺。查《明史》记载：严嵩于嘉靖二十一年（1542）进入内阁，嘉靖二十三年（1544）担任内阁首辅大学士，嘉靖四十一年（1562）罢官。② 嘉靖三十五年（1556），严嵩时任内阁首辅大学士。然而，唐九德直接斥责来客，认为朝廷命官并非私人门徒，放弃在严嵩江西故里担任"父母官"、投身严嵩门下的机会。唐九德上任伊始，打击不法豪强，解决民间械斗，深得人心，被时人比作历史名宦。至于"谢、赵""刘、唐"，查道光《新喻县志》记载并无谢姓名宦，按道光《新喻县志》记载：唐代"大历间摄县令"的杜臻，被称为"崇祀名宦之祖"③，此谢姓名宦应指杜臻，张燮所作"谢"字有误，应作"杜"字。道光《新喻县志》记载：南宋"赵子琇，绍兴三年任，见名宦"④，则指

---

① 张燮撰《霏云居集》卷 34《传》，载张燮著、陈正统主编《张燮集》第 1 册，中华书局，2015，第 625～626 页。

② 张廷玉等修《明史》卷 110《宰辅年表一》，《钦定四库全书荟要》卷 6730（史部），第 6 页。

③ 陆尧春修道光《新喻县志》卷 8《名宦·唐·杜臻》，中国国家图书馆藏，道光五年刻本，第 2 页。

④ 陆尧春修道光《新喻县志》卷 7《秩官·县令·宋》，中国国家图书馆藏，道光五年刻本，第 2 页。

"赵"姓名宦；该志又载"元达噜噶齐刘汝弼，至元元年任，见名宦"①，即"刘"姓名宦。道光《新喻县志》记载，有明一代，在唐九德担任新喻知县之前，就有黄允、闵焕、李公让、高执中、杨成、李存仁、洪钧、胡恭、蔡澄、唐彬、葛贞、张翀、郑璷、姚翔、卢翊、杨简、邹彦奎、汪元辅、陈璨、刘尧诲等二十人名列名宦传，② 可见唐九德在新喻百姓心目中地位超越明朝名宦，比肩唐宋元三朝。

值得注意的是，道光《新喻县志》所载唐九德宦绩述及徭役、文化教育、维护社会秩序等方面，却未涉及民间械斗以及不与严嵩结党营私同流合污之事。唐九德能妥善解决新喻民间械斗，打击不法豪强势力，应与唐九德"军籍"出身有关，正是"军籍"出身增加了唐九德的底气，使得他不向恶势力低头，妥善解决"监司"都难以处理的械斗问题。

（三）京官五载，声名鹊起

《嘉靖丙辰同年世讲录》记载：唐九德在"己未升户部主事，壬戌升员外，癸亥升郎中，升漳州府知府，戊辰升福建副使"③。唐九德在嘉靖三十八年（1559）升任户部主事，在嘉靖四十一年（1562）升任户部员外郎，嘉靖四十二年（1563）升任户部郎中。然而，书中却未记载唐九德担任漳州知府的具体时间。另据万历元年《漳州府志》记载：唐九德在"（嘉靖）四十三年六月"担任漳州知府。④ 唐九德应在嘉靖四十三年（1564）离开京城，升任漳州知府，唐九德任职户部五年。

唐九德户部宦绩，张燮《通议大夫、广东按察使麓阳唐公传》有详细记载：

> 己未，擢度支尚书郎。癸亥冬，虏大入寇，畿辅为敌场，中外汹汹，虑有庚戌之变。大司马戒严城守，而责饷计部。部择诸郎有才望

---

① 陆尧春修道光《新喻县志》卷7《秩官·县令·元》，中国国家图书馆藏，道光五年刻本，第3页。

② 陆尧春修道光《新喻县志》卷7《秩官·县令·明》，中国国家图书馆藏，道光五年刻本，第2页。

③ 屈万里主编《明代登科录汇编》第13册，台湾学生书局，1969，第6846页。

④ 罗青霄修万历元年《漳州府志》卷3《漳州府·秩官志上·官表·国朝官表》，台湾学生书局，1965，第57页。

者，分曹理饷，公当之北门。夜出视事，时登陴仅千人，铠仗尚在武库。值寒甚，人无固志。公起拊循之，将士如挟纩，勇气百倍。嗣而守具渐张，虏解散去。朝议推公可缓急使，一日而名重题柱矣。①

此"癸亥"指嘉靖四十二年（1563）。查《明史》记载："（嘉靖四十二年）冬十月丁卯，锡林、阿巴图尔破墙子岭入寇，京师戒严，诏诸镇兵入援。戊辰，掠顺义、三河，总兵官孙膑败死。乙亥，大同总兵官姜应熊御寇密云，败之。十一月丁丑，京师解严。"② 此为唐九德所处的历史情境。所谓"虑有庚戌之变"，即《明史》记载："（嘉靖二十九年秋八月）丁丑，谙达大举入寇，攻古北口。蓟镇兵溃。戊寅，掠通州，驻白河，分掠畿甸州县，京师戒严。……壬午，薄都城。""谙达"即俺答汗，蒙古土默特部首领，在嘉靖二十九年（1550）八月进攻北京。张燮《通议大夫、广东按察使麓阳唐公传》记载："大司马戒严城守，而责饷计部。部择诸郎有才望者，分曹理饷，公当之北门。"查《明史》记载：嘉靖四十二年（1563）兵部尚书为高燿，户部尚书为杨博。③ 唐九德以"有才望"，参与处理军饷事宜。唐九德夜出巡视，深知军士之苦，懂得军士心理，激励斗志，成效显著。唐九德因此事声名鹊起，获得升迁。按：唐九德虽是文官，却是军籍出身，熟知军队，故有此举。

唐九德户部本职工作也颇有成绩，否则不会在担任户部主事三年后，例升户部员外郎，一年后又升任户部郎中。唐九德出身军籍，具有强烈的家国情怀，做事认真负责，从事户部也是人尽其才。

（四）一年副使，横遭弹劾

唐九德在担任四年漳州知府后，于隆庆二年（1568）升任福建副使，在任期间，张燮《通议大夫、广东按察使麓阳唐公传》有详细记载：

---

① 张燮撰《霏云居集》卷 34《传》，载张燮著、陈正统主编《张燮集》第 1 册，中华书局，2015，第 626 页。
② 张廷玉等修《明史》卷 18《本纪第十八·世宗二》，第 14 ~ 15 页。
③ 张廷玉等修《明史》卷 112《七卿年表二》，《钦定四库全书荟要》卷 6705（史部），第 17 页。

秩满，擢副吾闽观察，奉敕监军事。主客两军杂处，积不相下，至斗若触蛮，公按置军法。会当大简，或请缓期，曰："二憾且深，脱有不测，奈何？"公曰："简师有期，法也。怵而废法，将安用之？"至期，严号令，饬赏罚。既卒事，无嚚者，两军从此戢谐。方治舟师讨海寇曾三老，有次第已，会众谣啄，上章乞骸，有旨留公，则已解绶去矣。①

唐九德因漳州知府"秩满"，即任期已满而升任。唐九德为东南海疆所做出的贡献未被明廷重视，而是照例待到任满而升任福建副使，应与唐九德为人耿介、不趋炎附势、只是埋头苦干有关。

唐九德担任福建监军，严格执法，化解主军、客军之间的问题，整饬舟师，颇有政绩。除了与唐九德一心为公有关外，还与唐九德出身军籍、深知治军之道有一定关系。

唐九德在任期间，曾提供资料的《嘉靖丙辰同年世讲录》载：

唐九德，字伯懋，号麓阳。治易经。己丑年九月初六日生，湖广长沙府湘潭县人。观工部政。曾祖铉；祖奉，寿官；父筐，生员，封户部员外郎，加封知府。母许氏，赠安人，加恭人。继母袁氏、石氏。弟九章，儒士；九龄、九法、九赋。娶黄氏，封安人，加恭人。子：隆、升。乙卯乡试二名，会试四十五名，廷试三甲五十名。授江西新喻县知县，己未升户部主事，壬戌升员外，癸亥升郎中，升漳州府知府，戊辰升福建副使。②

然而，唐九德不久就遭到弹劾。《明穆宗实录》记载：

（隆庆三年二月壬辰）监察御史马明谟劾奏：福建副使唐九德，江西副使于锦、胡帛不职状。得旨，九德、锦策励供职，帛回籍听勘。③

① 张燮撰《霏云居集》卷34《传》，载张燮著、陈正统主编《张燮集》第1册，中华书局，2015，第627~628页。
② 屈万里主编《明代登科录汇编》第13册，台湾学生书局，1969，第6846页。
③ 《明穆宗实录》卷29，载《明实录》第10册，台湾"中研院"历史语言研究所校勘，1962，第776页。

　　唐九德在隆庆三年（1569）遭到弹劾，被指为不适任，即张燮所云遭到"谣啄"。除了与唐九德严格治军有关外，与出身"民籍"的进士马明谟对军户认识有别也有一定关系。① 唐九德并不恋栈，毅然上疏请辞，明穆宗下旨挽留，唐九德已挂冠归里。

（五）东山再起，名扬海内

　　张燮《通议大夫、广东按察使麓阳唐公传》记载：唐九德"里居二载，却扫尘氛"②。唐九德回到故里，家居两年后，再度出山。

　　《明穆宗实录》记载：

　　　　（隆庆五年五月乙丑）升浙江按察司副使唐九德为广东布政使司左参政，广东布政使司右参议史嗣元为湖广按察司副使。③

　　隆庆五年（1571）五月，唐九德已从浙江副使升任广东布政使司左参政。张燮记载得更为详细："起副观察，备兵金衢。寻晋东粤行省参知。"④ 可知唐九德分巡浙江金华、衢州二府兵备道。唐九德之所以获得快速升迁，应与张燮所载"岭南苦宿寇，数十年不能定"的广东时局有关。为此，"殷中丞某受诏徂征，委公一面"。"殷中丞某"即时任广东巡抚殷正茂，由于"民籍"进士，⑤ 能够从"他者"的视野比较深入地了解唐九德，充分认识到军籍出身的唐九德的军事才能，因而委以重任。

　　《明神宗实录》始载广东平叛始末：

---

① 《明嘉靖四十一年进士题名碑录（壬戌科）》，载《明清历科进士题名碑录》第 2 册，台湾华文书局，1969，第 869 页。

② 张燮撰《霏云居集》卷 34《传》，载张燮著、陈正统主编《张燮集》第 1 册，中华书局，2015，第 628 页。

③ 《明穆宗实录》卷 57，载《明实录》第 10 册，台湾"中研院"历史语言研究所校勘，1962，第 1399 页。

④ 张燮撰《霏云居集》卷 34《传》，载张燮著、陈正统主编《张燮集》第 1 册，中华书局，2015，第 628 页。

⑤ 《明嘉靖二十六年进士题名碑录（丁未科）》，载《明清历科进士题名碑录》第 2 册，台湾华文书局，1969，第 781 页。

（万历元年四月乙丑）提督侍郎殷正茂奏：岭东平寇功，次言潮惠贼寇随灭随起，党类愈繁，流毒愈炽。查得大贼首蓝一清等分其所统贼首各据寨巢，蜂屯蚁聚，远近凭依，声势相应。又有剧贼徐仁器等各据险巢，互为雄长，阳招阴肆，大逞凶残。既以七年之病，非旦夕可疗，况乏三年之艾将何所措乎？臣备将钱粮兵将，缕析条分，东括西搜，截长补短，法程既定，事有恒章，行据各道诸司会议进剿。即有贼众相率乞降，臣亦姑示抚处，误以多方。随檄广西左右两江动调土兵二万，合本处营兵分为六哨，移咨南赣军门发兵堵截，以防各贼奔逸克定。隆庆六年十二月初二日开刀，陆续据总兵官张元勋等报各贼据险，拒敌官兵。奋勇大战，冲锋历险，所向无前。通获大贼首六十一人、次贼首总六百余人，荡洗大贼巢五十余所、小贼巢五七百所，俘馘一万二十余众。岭东一路，贼无一人不获，贼巢无一所不破，则众无一处不平，两府二十县瘴雾重清，闾阎安堵，诸乡绅人等佥谓地方荡平可保百年无事，乞将效劳各官议超格升赏，以明激劝之。典章下兵部覆奏，升正茂右都御史，荫一子锦衣卫副千户，赏银四十两，飞鱼纻丝衣一袭；元勋升署都督同知，荫一子本卫百户；并李棠、方弘静，参将唐九德，副使吴一介、苏烈，参将李诚立等各升赏有差。①

唐九德由文官转为武官，担任参将。
《明神宗实录》记载：

（万历元年五月）丁亥，叙平岭东功，原任广东左参政吴一介、唐九德，右参政兼佥事陈奎、副使苏愚、左参议顾养谦各升一级。②

万历元年（1573），唐九德因功升任一级。
由于唐九德官阶不高，《明神宗实录》未详细记载唐九德战绩。不过，

① 《明神宗实录》卷 12，载《明实录》第 11 册，台湾"中研院"历史语言研究所校勘，1962，第 398～399 页。
② 《明神宗实录》卷 13，载《明实录》第 11 册，台湾"中研院"历史语言研究所校勘，1962，第 418 页。

张燮在《通议大夫、广东按察使麓阳唐公传》中详细记载了唐九德事功：

> 岭南苦宿寇，数十年不能定。殷中丞某公躬历戎行，诇贼虚实，轻师击破之，抚戢数千，巨首赖元爵、马祖昌以次授首。中丞露布闻，以功迁观察使，仍领粤东。既而勋高取忌，横被弹文，公欣然曰："吾翁发种种矣，吾得还返初服，杂佐斑斓，岂易槐鼎哉。"①

唐九德取得了辉煌的战绩，经殷正茂上奏，获升"观察使"，即广东按察使，正准备赴任，却因功勋卓著，遭到忌恨，再次遭到弹劾。唐九德对此欣然面对，再度挂冠归里。

唐九德晚年家居生活，张燮《通议大夫、广东按察使麓阳唐公传》有详细记载：

> 角巾归第，奉觞庭闱。间召诸故人，呼酒击鲜，共为酣畅。暇则横经课子，曰："吾家故有千里驹，无所用老骥唾壶也。"年仅四十有八，卒于家，远近惜之。②

唐九德在故里日与亲友欢聚，课督子弟学业，却在家居三年后去世，年仅四十八岁，时人对此痛惜不已。可见唐九德"不以物喜，不以己悲"，既不居功自傲，又不因自身遭遇感到气馁，为人和蔼可亲，在乡间德高望重，深得人心。

唐九德一生最大的事功在于福建漳州府知府任上，这段经历奠定了其名扬海内外的历史地位，以下将进行专题考述。

二 唐九德知漳及其历史地位

唐九德的漳州宦绩始载万历元年《漳州府志》：

---

① 张燮撰《霏云居集》卷 34《传》，载张燮著、陈正统主编《张燮集》第 1 册，中华书局，2015，第 628 页。
② 张燮撰《霏云居集》卷 34《传》，载张燮著、陈正统主编《张燮集》第 1 册，中华书局，2015，第 628 页。

唐九德，湖广湘潭人，嘉靖丙辰进士，（嘉靖）四十三年六月任。莅事严明，听讼敏决，创海澄县，比规划，议驿递，逐年征银，官当及库役，改派银差，与定正纲银规则等事，皆不易之法。作兴书院，延教职以为师，亲课文学，士子至今思之，授福建监军副使。①

唐九德的后任漳州知府葛纶"（隆庆二年）六月任"②，是则唐九德担任漳州知府在嘉靖四十三年（1564）六月到隆庆二年（1568）。然而，《明穆宗实录》却载：

> （隆庆二年正月丙寅）升山西按察司副使徐爌为山西行太仆寺卿，直隶顺德府知府徐衍祚为两淮都转运盐使司运使，山东布政使司右参议乔应光、福建漳州府知府唐九德、建宁府知府朱奎俱按察司副使，应光山东，九德福建，奎云南。③

唐九德在隆庆二年（1568）正月获升福建按察司副使，即万历元年《漳州府志》所载"福建监军副使"，负责监军事务。唐九德数月间办理交接，方才赴任。《嘉靖丙辰同年世讲录》记载：唐九德在"戊辰升福建副使"，隆庆二年正是戊辰年。为何万历元年《漳州府志》仅为唐九德撰写传略，却未为之立传？到了万历癸丑《漳州府志》却为唐九德立传：

> 唐九德，字伯懋，楚湘潭人。嘉靖丙辰进士，为户部郎，有声。会群盗起闽广间，擢公为漳守，廉诸饮附贼者悉擒之。因请兵剿处，议者以贼盛难制，不若羁縻之便，公力陈议抚非宜，往复数千言。中丞汪道昆意始决，命戚将军继光提兵屠海上，公为先度便宜，诸要害

① 罗青霄修万历元年《漳州府志》卷3《漳州府·秩官志上·官表·国朝官表》，台湾学生书局，1965，第57页。
② 罗青霄修万历元年《漳州府志》卷3《漳州府·秩官志上·官表·国朝官表》，台湾学生书局，1965，第57页。
③ 《明穆宗实录》卷16，载《明实录》第10册，台湾"中研院"历史语言研究所校勘，1962，第436页。

已预设。嗣而兵至，调遣如策。旬日，贼缚其枭党陈缙卿献于师。诸军夜从间道夹进，大破之。贼首吴平潜遁，赴海死。山贼苏阿普据巢旁掠，因请乘胜长驱，山寨悉平。是役也，军兴之费不下巨万，一切倚办于漳，多方筹划所需辄应，故民不忧，而师有成功。事闻，赐金币。月港故称盗薮，乃始议创邑，后海澄遂为漳望县焉。事既平，辑书院于紫芝山，妙择书生，高等课业，其中月试指，嘉与剀切，漳文教渐启，公之力也。其他兴利除弊，著划一之法，与所部遵守，民咸宜之。擢吾闽监军副使，历广东按察使，卒于家。子斯盛，万历丙戌进士。①

按唐九德卒于万历四年（1576），在万历元年（1573）修纂《漳州府志》之际仍在世，因此万历元年《漳州府志》仅载唐九德传略，是本着地方志"生不立传"原则而言。到了万历癸丑（1613）续修《漳州府志》时，唐九德已去世，因此为之立传。

万历元年《漳州府志》唐九德传略仅载断案、置县、兴学、改革征银等方面宦绩，深得士心。然而，在万历癸丑《漳州府志》却增加了唐九德所立军功，述及唐九德临危受命出任漳州知府，即马不停蹄请兵征讨。究竟是何事件震惊朝野？

查万历元年《漳州府志》记载：

> （嘉靖）四十三年二月，倭贼数千人自兴化仙游县流来漳浦县，总兵戚继光追至无象铺，杀倭数百人，斩首三百余级，官兵战死者八十余人。五月，潮贼吴平假以招抚为民，入据诏安县梅岭堡。②

唐九德赴任漳州因嘉靖四十三年（1564）爆发倭乱，到任之前，当年已历经两次战乱。张燮《通议大夫、广东按察使麓阳唐公传》披露唐九德赴任漳州的历史情境：

---

① 闵梦得修、中国人民政治协商会议福建省漳州市委员会整理万历癸丑《漳州府志》上册卷13《秩官志四·国朝名宦传·知府·唐九德》，厦门大学出版社，2012，第960～961页。
② 罗青霄修万历元年《漳州府志》卷12《漳州府·杂志·兵乱》，台湾学生书局，1965，第217页。

会群盗起闽广间，拜公为漳守。所亲为公危之，公笑曰："不遇盘错，何以别利器？古人有成言矣。"则驰之漳。①

面对来势汹汹的倭乱，唐九德家人颇为担心唐九德的人身安全，然而，唐九德却坦然面对，笑着安慰家人，究其原因，与唐九德出身军籍、坚毅刚强的性格有关，体现了不畏牺牲、视死如归的精神。究竟是何方盗贼，让家人对即将上任的唐九德颇为担心？

张燮《通议大夫、广东按察使鹿阳唐公传》披露当时漳州以海盗吴平为首，兴风作浪："时贼首吴平，荡摇海上，前守往往议抚，如猫鼠之同眠。"②

万历元年《漳州府志》记载吴平与漳州的关系：

（嘉靖）四十三年五月，海寇吴平假以招抚为名，屯聚梅岭，劫掠各村，拆毁房屋数百间，载回梅岭构为贼巢。③

吴平活动对区域社会破坏极大，伤及无辜，威胁海洋文明发展。吴平打着接受招安的旗号，其时明朝对"海寇"招抚，给吴平一个自新的机会，然而，"海寇"出身的吴平显然不够有诚意，仍然"贼性不改"，破坏地方社会。

唐九德在任期间，吴平活动猖獗，万历元年《漳州府志》记载：

（嘉靖）四十四年，吴平谋入梅州土围，劫掠一空。本年六月内，吴平贼数千围攻县城，烧毁木栅，及西关外房屋，知县梁士楚御退之。本年五月，吴平攻破四都厚广土围。四十五年三月，吴平伙党林道乾等船五十余艘，自走马溪登岸，攻陷五都山南村土围。又攻厩下村土围，焚杀不计。本年，吴平伙党曾一本等船百余艘，自泊浦澳登岸，

---

① 张燮撰《霏云居集》卷34《传》，载张燮著、陈正统主编《张燮集》第1册，中华书局，2015，第626页。
② 张燮撰《霏云居集》卷34《传》，载张燮著、陈正统主编《张燮集》第1册，中华书局，2015，第626页。
③ 罗青霄修万历元年《漳州府志》卷29《诏安县·杂志·兵乱》，台湾学生书局，1965，第626页。

劫掳港口等村。①

吴平在接受招安后第二年，又开始打家劫舍，直至嘉靖四十五年
（1566）。显然，吴平在唐九德到任漳州知府前一个月，打着接受招安的旗
号，心里却打着小算盘，将此作为缓兵之计，厉兵秣马，以备不虞。对于
"海寇"出身的吴平，势必将"擒贼先擒王"，打掉"海寇"的嚣张气焰，
方能维护地方秩序，唐九德力主武装平定有一定道理。

万历癸丑《漳州府志》唐九德传记载：时任福建巡抚汪道昆听取唐九
德建议，请戚继光出兵平定漳州倭乱。唐九德为戚继光献计献策，对戚继
光平定倭乱多有裨益。按唐九德出身军籍，来自明代卫所军户，与戚继光
均是军户出身，深知明代中期以后卫所军纪废弛，只能依靠"戚家军"
协助。唐九德深知带兵打仗需要对地势地貌进行考察，关注要道要塞，因
此尽地主之谊，为戚继光平定倭乱做好准备，使戚继光能够一鼓作气平定
倭乱。

为何会出现剿抚的不同声音？以往论者认为"闽在海中"，明朝厉行
"海禁"政策，导致漳州海洋社会"海禁"则为"盗"，"开海"则为
"商"，归罪于"海禁"政策，认为"嘉靖大倭寇"因"海禁"政策而起，
从而出现同情"嘉靖大倭寇"的声音。

唐九德到任后，并未直接武装平乱，而是先解决内部问题。张燮《通
议大夫、广东按察使麓阳唐公传》记载唐九德由内到外的治理策略：

> 因念内政不清，而求外寇之除，是修庭树蓬，欲门外无生荆棘也。
> 因条其不便于民若干事，奏记当道厘正之。甫洽月，所部改观。②

待到内部问题解决后，唐九德就开始着手处理吴平的问题。

然而，万历元年《漳州府志》唐九德传略却只字未提唐九德平定吴平
的事功。究其原因，应与吴平事件牵涉的人事有关。由于前任漳州府知府

---

① 罗青霄修万历元年《漳州府志》卷 29《诏安县·杂志·兵乱》，台湾学生书局，1965，第
626 页。

② 张燮撰《霏云居集》卷 34《传》，载张燮著、陈正统主编《张燮集》第 1 册，中华书局，
2015，第 626 页。

力主招抚，唐九德却针砭时弊，力图打破这一不合理局面。查万历元年《漳州府志》记载：唐九德前任漳州知府桂嘉孝"心存宽厚，政尚仁恕"①，正是桂嘉孝主张招抚吴平。述及唐九德平定吴平，必将牵涉桂嘉孝。按桂嘉孝是"成都人"②，主修万历元年《漳州府志》的漳州知府罗青霄是"四川忠州人"③，与之同为四川老乡，因此万历元年《漳州府志》有意避谈唐九德的平定海寇事功。

实际上，还另与俞大猷有关。《明世宗实录》记载：

> （嘉靖四十四年四月己丑）诏安贼首吴平，先闻二省官兵夹剿，惧而请降。总兵俞大猷受之，使居梅岭杀贼自效。主是复叛，造战舰数有聚众万余，筑三城守之。行劫广东惠、潮及诏安、漳浦等处。福建总兵戚继光督兵袭之，平尽彩其辎重入舟，率众遁入海保南澳。福建巡抚都御史汪道以闻，上命督抚等官协力夹剿，以靖地方，不许妄分彼此，及以招安为名养寇贻患。④

此段记载明世宗嘉靖四十四年（1565）下诏武装平定吴平之事，述及吴平此前假装接受招安，透露吴平假装接受招安由俞大猷接受。俞大猷是福建泉州卫所军户，漳州有泉州卫驻军，万历元年《漳州府志》不便提及此事。

唯独张燮《通议大夫、广东按察使麓阳唐公传》记载唐九德平定吴平事最为详细：

> 公生得二點贼，禁狱中。平计欲出之，约郡中恶少年为内应。公钩得其情，令捕诸欲附贼者，擒之。贼觇事露，不敢发。公乃密启中

---

① 罗青霄修万历元年《漳州府志》卷 3《漳州府·秩官志上·官表·国朝官表》，台湾学生书局，1965，第 57 页。

② 罗青霄修万历元年《漳州府志》卷 3《漳州府·秩官志上·官表·国朝官表》，台湾学生书局，1965，第 57 页。

③ 罗青霄修万历元年《漳州府志》卷 3《漳州府·秩官志上·官表·国朝官表》，台湾学生书局，1965，第 58 页。

④《明世宗实录》卷 545，载《明实录》第 9 册，台湾"中研院"历史语言研究所校勘，1962，第 8806 页。

丞汪道昆，请兵剿处。议者谓贼盛难制，不若羁縻之，中丞驰檄问状。则又密启曰："平初起时，易与耳，前以议抚，故以贼遗苍黔，鼎沸至今，彼阳摄就抚之名而阴聚党，不大创，则民皆利于从盗，将来又视今数倍，祸宁独漳乎？去之便！"中丞意遂决，趣铜虎发兵。公为先度便宜诸要害，备已预设。俄而戚将军继光兵至，贼据南澳，聚粮坚壁，以老我师。公曰："囊贼居梅岭，负隅险阻，破之实难。今舍此盘入岙中，无能为也。将军以舟师遥据港口，断其出入，用间以内溃其党，乘其溃分道急击之，直摧枯耳，此天所以资将军也。"戚将军曰："善。"调遣如公策。甫旬日，贼缚其枭党陈晋卿献于师。诸军夜从间道前后夹进，贼大惊溃，俘斩万五千人。平乘小艇潜遁，赴海死。①

唐九德虽然出身军籍，并非大老粗，而是思维缜密，通过所获"黠贼"探得情报，为后来平定吴平之乱奠定基础。所载"陈晋卿"即万历癸丑《漳州府志》所云"陈缙卿"。戚继光在平定海寇战役中，取得了俘虏斩杀一万五千人的战绩，万历元年《漳州府志》、万历癸丑《漳州府志》均未提及。吴平最终逃亡海上，死于海中，唐九德实则功不可没。

唐九德面对"南倭北虏"，均处事不惊，妥善处理，屡立奇功。张燮《通议大夫、广东按察使麓阳唐公传》记载唐九德又一军功：

> 余丑既歼，山贼苏阿普犹据巢，旁掠诸县。公请乘胜长驱，山寨悉平。是役也，大将军部数万众，日食可数百金，他赏赉称是，若乃金钲戈旗、舟车供帐之属，又不下数万，一切倚办公。公多方筹划，所需辄应，故斗士思奋，不旋踵而两告成功云。中丞上其事，诏赐金币有差。②

在福建，除了"海寇"之外，又有"山贼"，其时以苏阿普为首。《明世宗实录》记载：

---

① 张燮撰《霏云居集》卷 34《传》，载张燮著、陈正统主编《张燮集》第 1 册，中华书局，2015，第 626~627 页。

② 张燮撰《霏云居集》卷 34《传》，载张燮著、陈正统主编《张燮集》第 1 册，中华书局，2015，第 627 页。

　　（嘉靖四十一年十一月癸未）福建官兵擒龙山贼苏阿普，斩之。阿普，龙岩县人，故贼首蓝松山、范继祖之党。初松山既为程乡县所擒，阿普惧求降。同知邓士元受之，安置其党于龙岩、漳平二县间，然劫掠如故。七月中，阿普为龙岩人所擒，漳平人欲要以为功，相竞于途中，为其党乘间夺去。阿普因结巢西溪，以拒官军。久之，会继祖亦败，阿普势穷，龙岩知县刘源涌乃悬重赏购执之，斩首以徇，于是山寇悉平。①

　　苏阿普也是假借接受招安，实为缓兵之计，趁机打家劫舍。苏阿普仍然"本性难改"，只能武装平定，方能长治久安，唐九德主张武装平定是有道理的。

　　苏阿普故里后来设置宁洋县，另据万历元年《漳州府志》收录的无名氏《杀狐岭记》记载：

　　　　此岭旧名龙头寨……嘉靖四十四年，巡按御史陈万言按节漳城，询谋佥从，断从剿议。提督福建军务巡抚汪道昆、提督南赣军务巡抚都御史吴伯朋、镇守总兵都督戚继光振威弘略，策力用张。按察司巡视海道副使周贤宣、监督军务副使金浙、分巡漳南道佥事徐梓，运粮出奇，较若画一。乃行本府知府唐九德区画粮饷，攻具戒严，以都指挥王如龙将浙兵六千部分、守备刘某、漳平县知县曾迪受成转运列栅围巢，暑雨弗避，爰自四月兴兵，七月克之。②

　　苏阿普盘踞的龙头寨在嘉靖四十四年（1565）七月被攻克，《明世宗实录》所载嘉靖四十一年（1562）十一月斩杀苏阿普有误。苏阿普是漳州府龙岩县人，因此巡按御史陈万言到漳州府城，谋划平定苏阿普。嘉靖四十四年四月至七月，唐九德时任漳州府知府，自然与之关系最为密切。虽然

①　《明世宗实录》卷 515，载《明实录》第 9 册，台湾"中研院"历史语言研究所校勘，1962，第 8456 页。
②　罗青霄修万历元年《漳州府志》卷 31《宁洋县·文翰志·记》，台湾学生书局，1965，第 675 页。

述及文臣武将，但是最终执行的还是漳州知府，唐九德谋划粮草、军饷，所起作用最大。为何万历元年《漳州府志》未载唐九德平定苏阿普事功？

按《明世宗实录》已载明苏阿普是同知邓士元接受招安，此"同知"即漳州府同知。查万历元年《漳州府志》记载：

> 邓士元，（嘉靖）四十三年由本府推官升任。海防本府，添设海防同知自此始，历升福建盐运司同知，仍管海防。①

邓士元，嘉靖四十三年（1564）由漳州府推官升任漳州府同知，是漳州首任海防同知，后来升任福建盐运司同知，仍然管理海防。

万历元年《漳州府志》又载漳州府推官：邓士元"（嘉靖）二十八年任"②，邓士元早在嘉靖二十八年（1549）任职漳州，比唐九德早来漳州十五年。邓士元担任漳州府推官期间，曾与唐九德前任桂嘉孝共事。邓士元仗着比唐九德熟悉漳州，又分管漳州海防事务，应对苏阿普活动的主要负责人，接受苏阿普招安，养虎为患。苏阿普事发，虽然遭到《明世宗实录》点名，却依靠苏阿普被平定，获得升迁，继续管理海防，可见明廷昏聩。

唐九德虽是苏阿普的"父母官"，但苏阿普早在唐九德到任之前就起事，从唐九德力主平定吴平来看，接受招安苏阿普也非唐九德本意，只是碍于权责，无法改变现状。直到嘉靖四十四年（1565）苏阿普事件受到明廷重视，决定武装平定，才迎来转机。唐九德只能抓住这一机会，努力落实平定苏阿普所用粮草、军饷，以力挽狂澜。

万历元年《漳州府志》记载，"漳州无盐场，惟漳浦潮东等处有盐丘数所，近亦照例纳课，其龙溪等处食盐俱出浯、丙二洲"③，漳州未设盐场，仅有数所盐丘，照例缴纳盐课，漳州食盐来自泉州府同安县浯洲、晋江县丙洲盐场，与福建盐运司关系密切，漳州地处海防前线，正是邓士元的管

---

① 罗青霄修万历元年《漳州府志》卷 3《漳州府·秩官志上·官表·国朝官表》，台湾学生书局，1965，第 57 页。
② 罗青霄修万历元年《漳州府志》卷 3《漳州府·秩官志上·官表·国朝官表》，台湾学生书局，1965，第 57 页。
③ 罗青霄修万历元年《漳州府志》卷 3《漳州府·赋役志·财赋·盐课》，台湾学生书局，1965，第 98 页。

辖范围，自然不便提及邓士元，对唐九德平定苏阿普的事功也就避而不谈。

张燮《通议大夫、广东按察使麓阳唐公传》充分肯定唐九德于此起到的关键作用，认为戚继光率领的"戚家军"粮草与军饷不断，源自唐九德的功劳，这为平定苏阿普起事奠定了基础。并提及"中丞上其事，诏赐金币有差"，即时任福建巡抚汪道昆曾为此上奏明世宗，唐九德由此获赐金币。虽然此事未见载《明世宗实录》《明史》，但应是可信的，只是唐九德时任知府，也被忽略，未予提及。

唐九德虽然出身军籍，但并未一味主张武装平定，认为要彻底实现长治久安，还需推动教化。早在嘉靖二十六年（1547）就出现了"闽人通番皆自漳州月港出洋"的情况，漳州月港已成为明朝"海禁"时期对外贸易的重要口岸，也是"嘉靖大倭寇"的渊薮，单靠武装平定只能解决一时，于此发展文教也将难以为继，唐九德只能在武装平定后，打掉其嚣张气焰，继而设县，推动王化进程，最后通过大兴文教，达到移风易俗的目的。

万历元年《漳州府志》详细记载唐九德为设置海澄县做出的努力：

> （嘉靖）四十四年，知府唐九德议割一二三都、四五都、六七都、八九都、二十八都第五图，并漳浦县二十三都第九图地方，就于八都月港桥头设为县治，转呈军门汪道昆、巡按御史王宗载奏请俞允锡名海澄。隆庆元年，唐知府亲诣踏勘，定立基址，鸠工度材，不逾时，而县治告成。①

漳州月港位于漳州府治龙溪县八九都，唐九德早在嘉靖四十四年（1565）就建议从龙溪县划出八九都等周边地带，结合漳州最早出现倭乱的漳浦县划出二十三都设置海澄县，县治就设在月港桥头，直接与之针锋相对，新县名也已想好，希望由此海晏河清，就叫"海澄"，上报时任福建巡抚汪道昆等人。获得批准后，唐九德亲自勘查现场，划定界限，建设县治。

漳州月港"货番"由来已久，改变难以一蹴而就，张燮《通议大夫、广东按察使麓阳唐公传》披露唐九德对漳州月港的未来做了宏伟的规划以

---

① 罗青霄修万历元年《漳州府志》卷30《海澄县·舆地志·建置沿革》，台湾学生书局，1965，第630页。

及详细的发展计划：

> 月港故称盗薮，至是始议创邑，得报可。旧民避兵郡中，漫指某子甲先是尝染贼党者，饮血而图报复，噂沓弥赫，公调剂万端，违言乃解。因置城郭，籍编户，立学校，今海澄遂为东南望邑焉。①

海澄正式建县的消息一传开，即将被划归海澄县范围的龙溪、漳浦的一些百姓随即反弹，他们不甘心原有的社会秩序被打乱。重新编户齐民，就无法继续钻空子，只能彻底告别海盗、海贼生活。一向"嗜利忘禁"，不顾王朝"海禁"政策，常常上有政策、下有对策的百姓，享受一夜暴富，投机倒把，自然无法接受这一改变他们一生的决策，纷纷簇拥前往漳州府城，故意制造事端，将事情闹大，想让建县之事能拖就拖，最好能因此作罢。唐九德此时挺身而出，亲自处理事件，妥善化解纠纷，使海澄得以顺利设县。军籍出身再次激发了唐九德挺身而出的勇气，使其能够积极应对这一民变。海澄正式设县，瓦解了海盗势力，漳州月港成为明朝唯一合法的对外贸易口岸，海外贸易正式步入正轨，告别了以往的走私生活，促进了中国海洋文明的健康发展。

唐九德积极推动教化。张燮《通议大夫、广东按察使麓阳唐公传》详细记载唐九德在海澄大兴文教、移风易俗的事功：

> 事平粗暇，进郡博士弟子高等，为建书院于紫芝山半。每试程其低昂，悉捐月俸钱佐读。间谓僚属曰："吾不任为主者吏，以祭酒诸生间有余己。"士无不盛自拂拭，期当公意者。文教渐启，甲于中原，公之力也。②

张燮此文未记载唐九德所建书院的具体名称，查万历元年《漳州府志》记载：

---

① 张燮撰《霏云居集》卷 34《传》，载张燮著、陈正统主编《张燮集》第 1 册，中华书局，2015，第 627 页。
② 张燮撰《霏云居集》卷 34《传》，载张燮著、陈正统主编《张燮集》第 1 册，中华书局，2015，第 627 页。

海澄县清漳书院，在九都儒学前之右。隆庆元年，知府唐九德、同知邓士元建。①

唐九德在隆庆元年（1567）建县伊始，就创建清漳书院。值得注意的是，该书院为唐九德与邓士元一同创建，按邓士元负责海防事务，此是分内之事。唐九德心胸豁达，不计前嫌，尊重熟悉漳州的同僚。查阅万历癸丑《漳州府志》记载，直到万历癸丑（1613），清漳书院仍是海澄县唯一一所书院。②张燮披露，唐九德并非兴建书院后就不管事，他仍然心系书院发展，亲自跟进学业，并捐出月俸激励士子，对海澄文教发展以及移风易俗做出了巨大贡献，因此张燮将海澄文教"甲于中原"归功于唐九德。唐九德为何重视书院建设？究其原因，应与唐九德湖湘故里岳麓书院有关，唐九德深知书院的作用与意义。朱熹曾到访岳麓书院，在漳州担任知州期间大兴文教，至今流传朱熹知漳"过化"的丰功伟绩。唐九德应从中获得启发，援引故里书院文化，根植闽南，传承书院文化、朱子文化、儒家文明。

实际上，张燮此文未提到一点，就是唐九德还兴建文庙。万历元年《漳州府志》记载：

海澄县儒学，在九都城中。隆庆元年，知府唐九德建。文庙、仙师殿、卧碑、敬一亭、启圣祠，"上俱隆庆元年，知府唐九德建"。③

正是因为唐九德促进海洋社会转型，使海澄百姓获得新生，海洋文明得以健康发展，唐九德在海澄县备受尊崇，在海澄人心中占有重要的地位。

崇祯《海澄县志》记载：

---

① 罗青霄修万历元年《漳州府志》卷30《海澄县·规制志·学校、书院》，台湾学生书局，1965，第634页。
② 梁兆阳修崇祯《海澄县志》卷2《规制志下·书院》，日本东京图书馆藏，崇祯六年刻本，第15页。
③ 罗青霄修万历元年《漳州府志》卷30《海澄县·规制志·学校、书院》，台湾学生书局，1965，第634页。

姜唐二公祠，祀郡守姜谅、唐九德也。在八都东林社，其内为福庆寺，澄人祀二公于前堂，名曰"甘棠"，有司春秋致祭。①

姜谅，万历元年《漳州府志》记载："成化十五年出知漳州。""时海上有陈理通、剪毛五者，皆盗魁也，谅召捕盗者来议，相与捕之之法，既而二魁皆获，一时海宇为之清肃。"② 姜谅采用以盗治盗的方法虽有一定成效，实则不如唐九德推动海洋社会长治久安所做出的贡献。

崇祯《海澄县志》又载：

谭公祠，谭既建朱文公祠，谕意筑己祠，邑人议改祀姜、唐二公像于内。③

唐九德取得重要成就的漳州，保留了唐九德鲜为人知的珍贵史料，始为之立传。其文本书写过程如何？

三　唐九德传的书写过程及其历史影响

张燮《通议大夫、广东按察使麓阳唐公传》是目前所见记载最翔实的唐九德史料，据张燮自述：

张燮曰：余少时从长老后，熟闻故二千石唐公也。漳苦云扰，公在事，削平之。尔时漳尚固陋，而公大冶铸人，遂彬彬丕变。龚渤海带牛佩犊，文蜀郡建学受经，公兼之耶？先大夫夙受公知，燮又出长公计部之门，吾师为述公生平视舆人颂如左契焉。公累迁至外台之长，而所在称文武才，是可垂来祀矣。④

---

① 梁兆阳修崇祯《海澄县志》卷 3《祀典志》，日本东京图书馆藏，崇祯六年刻本，第 17 页。

② 陈洪谟修、中国人民政治协商会议福建省漳州市委员会整理正德《大明漳州府志》卷 14《纪传志·国朝·知府·姜谅》，《明代方志选（三）》，厦门大学出版社，2012，上册，第 816~817 页。

③ 梁兆阳修崇祯《海澄县志》卷 3《祀典志》，日本东京图书馆藏，崇祯六年刻本，第 18 页。

④ 张燮撰《霏云居集》卷 34《传》，载张燮著、陈正统主编《张燮集》第 1 册，中华书局，2015，第 625 页。

张燮此文源于张燮是漳州府龙溪县人，张燮之父张廷榜得以在早年受到唐九德垂青，唐九德事迹在漳州广为流传，还与张燮、唐斯盛的师生情谊有关。

张燮《通议大夫、广东按察使麓阳唐公传》记载唐斯盛有乃父之风：

> 子讳斯盛，丙戌进士，历留京度支郎。向尝分校闽试，所收多名下，闽人环道旁相指曰："若识故麓阳公子耶？其人宽然长者，然耿直不阿，有父风。"①

张燮《通议大夫、广东按察使麓阳唐公传》述及唐斯盛曾任"留京度支郎"，即供职南京户部，曾分校福建乡试，所取之士多为后来的名人，福建人认为唐斯盛有乃父之风。张燮作为唐斯盛门生，张燮所载应是现场所闻，由于唐九德影响深远，唐斯盛的福建门生寄情于唐斯盛身上。

唐斯盛去世后，张燮《同门祭座师南靖户部郎中骐石唐先生文》述及：

> 盖自其先观察公，孕苞全楚，经理七闽，维时先生已驹齿未落而成龙文，凤毛常鲜而走凡乌矣。②

"先观察公"指唐九德。张燮曾率同门师兄弟祭祀其座师唐斯盛，仍溯及唐九德的恩德。

张燮之父张廷榜，《明万历二年进士题名碑录（甲戌科）》记载："福建漳州府龙溪县民籍。"③ 张廷榜是万历二年（1574）"民籍"进士，其时唐九德仍在世，对此应非常欣慰。

唐九德之子唐斯盛详情，见载唐斯盛提供资料撰写的《万历丙戌科进士题名总录》：

---

① 张燮撰《霏云居集》卷 34《传》，载张燮著、陈正统主编《张燮集》第 1 册，中华书局，2015，第 628 页。
② 张燮撰《霏云居集》卷 37《祭文一》，载张燮著、陈正统主编《张燮集》第 1 册，中华书局，2015，第 666~667 页。
③ 《明清历科进士题名碑录》第 2 册，台湾华文书局，1969，第 946 页。

唐斯盛，贯湖广长沙府湘潭县军籍，国子生，字应中，号骐石。治《易》，行一，己未年正月初三日生，壬午乡试十六名，会试二百九十名，刑部观政，授直隶苏州府推官。廷试三甲二十二名。曾祖奉，寿官；祖篁，生员，累封中宪大夫、漳州府知府；父九德，丙辰进士，历任广东按察司按察使兼参政。母黄氏，累封恭人。重庆下。弟文盛，生员；鸣盛、际盛、逢盛、继盛、养盛、萃盛。娶罗氏，继娶周氏。子登恺、登瀛。①

唐斯盛仍是军籍出身，万历十年壬午（1582）考中举人，万历十四年丙戌（1586）以《易经》考中会试，同样名列三甲进士。其时，唐九德已去世十年，唐斯盛是"重庆下"，仅其母黄氏、祖父唐篁健在。

《明神宗实录》记载：

> （万历十九年三月乙巳）江西驿传副使范涞题参：淮扬御史龚云致枉道回家，骚择驿递，及原任苏州府推官唐斯盛以丁忧而借用勘合，见任澧州知州王志远以起用而僭行牌票，事下部院会议。得旨，御史自不简饬何以察奸，龚云致不堪宪职，着降杂职，南京衙门用。范涞免议处，唐斯盛等姑各降一级调用。②

唐斯盛在万历十九年（1591）遭到弹劾，被降级调用。究其原因，与唐九德有一定关联。

唐斯盛生于嘉靖二十六年己未（1547），受到唐九德言传身教，为人耿直不阿，又因唐九德之子的缘故同样仕途不顺。

张燮、唐九德两家既是世交，又有师生情谊，张燮为唐九德撰写的资料是否可信？张燮在"问题"官员唐斯盛提供主要资料外，结合搜集的口述资料，撰成《通议大夫、广东按察使麓阳唐公传》。张燮曾参与修纂万历

---

① 屈万里主编《明代登科录汇编》第 20 册，台湾学生书局，1969，第 11008 页。
② 《明神宗实录》卷 233，载《明实录》第 11 册，台湾"中研院"历史语言研究所校勘，1962，第 4315 页。

癸丑《漳州府志》，^① 据此为"问题"官员唐九德立传，其蓝本正是张燮《通议大夫、广东按察使麓阳唐公传》。张燮曾参与修纂崇祯《海澄县志》，^② 对该志所载唐九德产生一定影响，是公正客观的。

唐九德来自内陆农耕社会，传统上认为他对海洋历史文化是比较陌生的，然而，张燮却对他倍加推崇。张燮对唐九德的好评是否可信？

张燮（1573～1640），福建漳州府龙溪县人，《东西洋考》的作者，是世界大航海时代的名人。张燮与海洋历史文化渊源颇深。张燮的高祖张绰，嘉靖《龙溪县志》披露：

> 正德元年，奉敕两广审录，顺道过家，宗党有造大舟欲货番者，公大骂曰："吾当白诸官事！"事乃寝。^③

张绰曾在正德元年（1506）反对海外走私贸易，然而，到了张燮一代，却于万历三十八年（1610）应海澄知县陶镕邀请，撰写《东西洋考》，成为明人前往"东西洋"的航海指南。张燮来自海洋社会，对唐九德促进海洋社会转型体悟最深，所记述唐九德对海洋历史文化的贡献是中肯的。

综上所述，从中可见以下三点。

第一，唐九德是明代名宦、名将，湖湘文化历史名人。唐九德虽然来自内陆农耕社会，却能够推动环中国海海洋社会转型，并非仅仅提出设置海澄县具体方案。唐九德为中国海洋文明发展创造良好的发展环境，在世界大航海时代具有一定历史地位。唐九德取得的成就与其深受故里湖湘文化熏陶、军籍出身密不可分。

第二，唐九德在闽南海洋社会影响深远，既体现了闽南文化与湖湘文化之间的交流，又体现了海洋文明与内陆农耕文明之间的互动。不能停留在湖湘文化地处内陆、与海洋文明无关的认识层面，应回到历史现场深入研究。^④

---

① 闵梦得修万历癸丑《漳州府志》上册卷首《修纂人员名单·纂修姓氏》，第73页。

② 梁兆阳修崇祯《海澄县志》卷首《主笔姓氏》，日本东京图书馆藏，崇祯六年刻本，第1页。

③ 刘天授修嘉靖《龙溪县志》卷8《人物·士行·国朝·张绰》，《天一阁藏明代方志选刊》第32册，中华书局上海编辑所，1965，第36页。

④ 明代湖湘卫所军户与闽南海洋社会关系早在正德年间就通过常德军籍进士、漳州知府陈洪谟奠定基础。参见刘涛《陈洪谟所修正德〈大明漳州府志〉背后的故事——湖湘军户文化与明代海上丝绸之路渊源考》，《长江文明》2019年第3辑。

第三，新时期湖湘历史文化研究应在文献分析基础上，进行文本分析。应围绕湖湘文化，置身更广阔的时间与空间深入研究，最终达到为湖湘文化研究服务的目的。应在区域史、王朝史、全球史视域下，通过比较视野深入探索地域文化之间的互动，思考历史名人的思想演变。

何绍基与晚清顾炎武形象的重塑

尧育飞[*]

摘 要： 以书法闻名于世的何绍基，在道光年间，直接促成南北地区的顾炎武年谱的合流，形成完善的《顾亭林先生年谱》。随着年谱编纂的完成，在何绍基、张穆等人的推动下，顾亭林先生祠在京师慈仁寺落成。这一文人的集体行动对晚清士人的精神塑造有重要意义。正是通过何绍基等人对顾炎武经世思想的不断发掘、建构，顾炎武的形象才不断丰满，成为超越"汉宋之争"、心怀天下的士人普遍追寻的大儒典范。

关键词： 何绍基 顾炎武 道光朝 年谱

何绍基以书法闻名后世，诗酒流连，文采风流，给人以少问政治的一般印象。却不承想，他与明末清初大儒顾炎武有密切联系，堪称顾炎武的"异代知己"。道光年间，何绍基将顾炎武年谱由金陵带往北京，直接促成南北两套顾炎武年谱体系的融合，催生出张穆（1805~1849）集成性的《顾亭林先生年谱》的问世。与此同时，在北京，何绍基和张穆等人一道在慈仁寺修建顾亭林祠。道光二十三年（1843），顾亭林先生祠举行首次祭祀活动，此后一年春秋两祭外加顾炎武生日祭祀的活动，持续进行到1922年，长达八十年的顾祠祭祀活动，是晚清规模最大、持续时间最长的群体性祭祀事件。围绕顾炎武祠的祭祀活动，见证道光年间知识分子经世思潮的泛起，清代汉宋学术的合流。更为重要的是，何绍基等人重新召唤的作为大儒的顾炎武，成为晚清知识分子追寻的理想人格的典范，激励了一代又一代知识分子。

可以说，何绍基是顾炎武在晚清接受史上的功臣。在何绍基身上，时时可见顾炎武的影响。

---

* 尧育飞，南京大学文学院博士生，何绍基文化研究会研究员。

一　何绍基与顾炎武年谱的南北融合

根据段志强《顾祠——顾炎武与晚清士人政治人格的重塑》的梳理，在张穆《顾亭林先生年谱》之前，存在数种版本的顾炎武年谱。较早为顾炎武编撰年谱的人有顾衍生（顾炎武嗣子，1665～?）、胡虔（1753～1804）、周中孚（1768～1831）等，这些人无一例外都是江南地区的文人，且几类年谱都没有完整版本存世。现存最早的顾炎武年谱为道光九年（1829）吴映奎所编。不过，吴映奎编辑亭林年谱纯粹出于消遣：

> （道光九年）初夏浙中之行，拟一泛西湖之棹，乃秀才命穷，连日为雨师所困，萧山署中，盘桓三日，绝少开霁之时，遂复挂帆而北，闷坐舟中……炎歊逼人，偶发兴欲排纂亭林先生年谱，自六月初，迄今二十余日，已就十分之六七，中元节间当得断手。①

这里可以清晰看出，吴氏纯粹出于旅途苦闷无聊，偶然兴起，开始编撰顾炎武年谱。吴氏谈不上敬仰顾炎武的学术，其编纂最多只能算是出于保存乡邦文献的意识。在吴映奎所编年谱中，顾炎武之子顾衍生的残叶年谱悉数得以保留。吴映奎是昆山地区的贡生，顾炎武是其乡先辈，乡土意识或许促成其编撰顾氏年谱，这种推测有相当理由。彼时，同为昆山人的潘道根也列名参校了《顾亭林年谱》，而潘道根在道光五年（1825）与吴映奎一道合修昆山和新阳的地方志《昆新合志》。《潘道根日记》多次提及他对顾炎武学问的尊崇，而潘氏用力甚深的正是搜集昆山诗文，如编纂《昆山诗征》《国朝昆山诗存》等，这些著作已经收集了顾炎武诗作，显示了康熙以来对顾炎武著作的敏感性限制已经略有消解。需要指出的是，吴映奎所编顾炎武年谱并未修撰完成，直至光绪年间方才出版。但这种源自地方文献的年谱产物，却在道光年间发酵，影响了后来的年谱。其留下的诸多编纂者的痕迹，显示了道光年间，顾炎武在昆山等地区已经开始成为热门的话题。

---

① 吴映奎:《与潘确潜书》，吴映奎编、潘道根校《顾亭林先生年谱》附，《北京图书馆藏珍本年谱丛刊》第 71 册，北京图书馆出版社，1999，第 560 页。

这与王汎森所言道光以后 "禁书复出"① 的时代氛围相感。

在此值得注意的是江苏上元人车持谦（1778～1842）所编的顾炎武年谱。车持谦是第一部刻本顾炎武年谱的作者。他大约在道光十三年（1833）开始编撰顾炎武年谱，稍晚于吴映奎。他编撰顾炎武年谱的经过如下：

> 谦为亭林先生创年谱，阅岁两稔，才及十之六七。乙未（1835）游金坛，遇吾友昆山吴君广斋，知其先德银帆明经已撰有稿本，因急属其录出，则哀然一怃，较谦所辑者，极为详赡。银帆盖以先生抚子衍生所遗之谱仅十余页，而简陋不词，殊无足观，于是随处掇拾，从而推广之。又以居同里闬，所闻先生前言往行，视他人为可凭。爰合谦未成之本，芟复补遗，按年纂入，彼此相同者仍之，间有谦所增益以及极正讹误者，注中悉以 "谦案" 别之。②

此处吴银帆即吴映奎。由此可见，江南地区，已经有一些人各自开始编撰顾炎武年谱了。车持谦编撰顾炎武年谱的动因不明，却是彼时江南地区社会氛围的反映。江南地区的学者社会有利于学术交流，车持谦很快通过吴广斋，获得吴映奎编纂的顾炎武年谱的钞本，从而补充自己编纂的年谱，极大地提高了年谱的学术水准。南方地区的顾炎武年谱编纂已经形成气候，位于金陵的车持谦是江南地区众多顾炎武年谱编纂者的优秀代表，但这部年谱犹有未尽，因为身处京师的学者的成果，车持谦并没有参考到。

就在车持谦编纂顾炎武年谱时，身在北京的京师学术圈开始兴起西北史地之学，其中的翘楚人物徐松（1781～1848）在流放新疆之后回到北京，对西北地理之学产生浓厚兴趣。道光二十二年（1842）或稍早之前，也许是受顾炎武实地考察地理的精神感召，徐松开始纂修顾炎武年谱。编纂完成之后，徐松邀请同为西北史地研究翘楚的张穆校正。张穆后来回忆说，"大兴徐先生松钩稽诗文集，依年排纂，写有定本，属为厘正"。徐松已经

---

① 王汎森：《道、咸以降思想界的新现象——禁书复出及其意义》，载陈弱水主编《中国史新论》思想史卷，联经出版事业股份有限公司，2012，第 415～450 页。

② 车持谦：《顾亭林先生年谱》，载《北京图书馆藏珍本年谱丛刊》第 72 册，北京图书馆出版社，1999，第 155 页。

通过利用诗文集等资料编好了顾炎武年谱，标志着北方学者编纂顾炎武年谱的最高水准。南北地区的学人以不同的形式和渠道开始注意到顾炎武，并且不约而同地编纂顾炎武年谱。这时候，融汇南北的顾炎武研究只差一个接引点，而何绍基恰恰在此时出现，起到了关键性的影响。

> 会何太史绍基自金陵来，携有上元车明经守谦（号秋舲）所辑谱，互用勘校，车氏差详。盖车氏本之昆山吴广文映奎（号银帆），而吴氏又本之先生抚子衍生也。徐丈欲更事厘订，以出守榆林未遑，穆乃不自揆度。比而叙之，综两谱之异同，究大贤之本末，世之景行先生者，尚其有考于斯。①

何绍基道光二十二年（1842）奉母居金陵，当年八月北上京师。② 正是在南京期间，何绍基接触到车持谦编纂的《顾亭林先生年谱》。何绍基注意到此书，大概与其同北京的徐松等人一直保持密切的学术往来有关。何绍基带来的车持谦本给徐松和张穆以较大的震撼，因为车本是南方地区长期以来研究顾炎武年谱的学术积累性著作，早期来源于顾炎武之子顾衍生，并采纳了吴映奎的成果，故与徐松编纂的顾炎武年谱相比，更为详细。徐松和张穆从何绍基处获得车本以后，当下决定重新改写旧本。恰好此时，徐松出守榆林，无暇顾及此事。于是，张穆将徐松本和车持谦本的顾炎武年谱重新审定综合，编成新版的《顾亭林先生年谱》。综合南北学术传统的张穆本《顾亭林先生年谱》以扎实的文献基础和详核的考证，很快成为最具影响力的顾炎武年谱善本。究其原因，与其综合南北学术结晶关系密切。接下来，试对此做一简要图示梳理。

> 南方顾谱谱系：顾炎武→顾衍生本→吴映奎本→车持谦本
> 北方顾谱谱系：顾炎武→徐松本→何绍基→张穆本《顾亭林先生年谱》

正是通过何绍基的接引，南北学术系统的顾炎武年谱成果得以汇聚，

---

① 张穆：《顾亭林先生年谱》题辞，载《北京图书馆藏珍本年谱丛刊》第 72 册，北京图书馆出版社，1999，第 161 ~ 162 页。

② 钱松：《何绍基年谱长编及书法研究》，博士学位论文，南京艺术学院，2008，第 67 ~ 68 页。

从而形成集大成的张穆本《顾亭林先生年谱》。在这个过程中，何绍基起了重要的桥梁作用。

二 《顾亭林先生年谱》与顾祠的诞生

何绍基不仅将车持谦带到北京，而且实际参与了张穆本《顾亭林先生年谱》的校订工作。《顾亭林先生年谱》的编纂，张穆出力甚多，他曾花费大量时间网罗顾炎武的遗文佚札。现藏于上海图书馆的顾炎武书札，为张穆广泛搜集顾炎武佚札的一部分，保有阮元及何绍基的题记。兹将文字移录如下：

> 亭林先生生于明万历四十一年癸丑，至我朝康熙七年戊申，姜元衡诬告时，年五十有六矣。所写诸诗今皆载诗集中。《耿侯水利篇》顺治四年作，《王官谷篇》康熙二年作，《瓠篇》十一年作，《先妣忌日篇》十二年作，前后相距廿七年。后以康熙二十年辛酉卒于华阴，年六十有九，则此已是晚年之笔，杂书旧诗也。今传集皆与此所录不同，盖后来刻集改易耳。先生母夫人王氏未嫁守节得旌，年六十，以国亡绝粒死，时乙酉七月三十日也。"无穷明发千年慨。"其感深矣！《赴东六首诗序》所称抚院刘公者，宛平刘公芳躅也。谨案《国史本传》，公以顺治七年任山东巡抚，康熙十一年始以忧去，在任者二十三年。尝奏请缉盗不得预勒名数，以防捏陷。又赃证未明，不得以初供定谳。又请撤山东钱局。皆得旨允行。盖仁明君子也。后来刻集，此序中删去刘公云云，何也？道光戊戌春分日，何绍基谨记。
>
> 此册内顾亭林先生笔札最多，且当年某人姜元衡诬讦其旧主诗狱。亭林赴历城质对之事，各诗札内言之甚详。昔桐城胡雒君撰《亭林年谱》，其书不知今在何处，但载此事或有可以互相补足者也。先生自署名及印皆炎武。昔万寿祺《送亭林秋江别思图》题亭林旧有"圭年"之名。按：亭林初名绛，后改圭年，至炎武，三易名矣。圭年之名，人罕知者。道光十八年春阮元识于京郊节性斋。①

---

① 上海图书馆编《中国尺牍文献》（上），上海古籍出版社，2013，第23页。

何绍基和其师阮元所写题识针对的是康熙七年（1668）顾炎武遭遇的牢狱之灾。这场灾难始于姜元衡诬告黄培，牵连到顾炎武。顾炎武得李因笃、朱彝尊等人援救，方免于难。在此，阮元的关注点是，桐城人胡虔（胡雒君）所编的年谱如果存世，可以拿来补正诗札的考证，但阮元在庙堂的影响使其对此事的评价点到即止。何绍基不一样，他更进一步，大胆推测顾炎武在山东受审，应当获得宛平人刘芳躅的援助。不过，顾炎武后来何以在诗文集中删除刘芳躅的名字，令何绍基感到疑惑。何绍基这条考证笔记为张穆采纳，编入《顾亭林先生年谱》"（康熙）七年戊申 五十六岁"条中。不过《顾亭林先生年谱》中文字略有删改，兹录如下。

> 何绍基案：札中所称抚院者，宛平刘公芳躅也。《国史本传》：公以顺治七年任山东巡抚，康熙十一年始以忧去，在任者二十三年。尝奏请缉盗不得豫勒名数，以防捏陷。又贼证未明，不得以初供定谳。又请撤山东钱局。皆得旨允行。盖仁明君子也。《赴东诗序墨迹》本有抚院刘公之语，后来刻集乃删去此节，何也？①

两相比较，除了少数语序调整之外，何绍基的观点悉数为张穆采择，可见何绍基对《顾亭林先生年谱》的贡献。《顾亭林先生年谱》另外还有两条何绍基按语。一条记载于开篇介绍何绍基先祖"自庆而下十二世至明正德间曰南京工科给事中、广东按察使司佥事溱……刑科给事中济"条下。何绍基的按语云：

> 何绍基案：《类姓登科考》于顾溱注："昆山县人"，顾济、顾章志、顾绍芳皆注"太仓州人"。

这里可见何绍基"汉学"功底，也可看出他对顾炎武家世考证的兴趣。另外一条记于"（康熙九年）长甥乾学登进士一甲三名"下，语云：

---

① 张穆：《顾亭林先生年谱》题辞，载《北京图书馆藏珍本年谱丛刊》第 72 册，北京图书馆出版社，1999，第 280～281 页。

绍基按：健庵对策云：汉唐三代，以帛为租，宋始用钱，金章宗铸银曰承安宝货，公私迄今用之。矿脉久闭，海舶已停，民间之银日耗而不生，而上供者必以常额。宋齐邱有言，钱非耕桑，所得以钱收税，是教民弃本逐末也。此实本于《钱粮论》。①

何绍基认为顾炎武之侄、官至刑部尚书的徐乾学（健庵）策论所言，根基乃是顾炎武《钱粮论》。徐乾学的建言后来得以施行，由此可见何绍基等人的初衷，是为了肯定顾炎武学术的经世价值。这是很不容易的评价。毕竟在此之前，《四库全书总目》"一反潘末之论，贬低《日知录》的经世之用，盛称其考据之功，使之成为清代考据学的经典之作。这可以说是对顾炎武学术的'断章取义'，遗其本而重其末"②。对顾炎武经世思想与实践的表彰，在道光年间文网尚存的情况下，是一次轻量级的学术冒险。幸运的是，时代呼唤经世，何绍基等人对顾炎武经世思想和学术的褒扬，很快赢得了更多同道的呼应。

张穆《顾亭林先生年谱》最终刻成在道光二十四年十一月，《何绍基日记》是月二十八日云："张石州来，知《顾亭林年谱》已刻成。可喜之至。"十二月初六、初七两日，何绍基又以两日之力校订顾炎武年谱，并在完工以后前往顾祠祭拜。这种热忱，显示顾炎武、顾祠祭祀等活动已极大渗透进他的生命力，成为举足轻重的精神原动力。不过，总体而言，以"道光二十三年五月朔日"③ 张穆写定年谱序言为时间界限，《顾亭林先生年谱》此时大部分已经写定，参与年谱修订的人员至少包括王梓材、苏廷魁、何绍基、许瀚、苗夔、陈庆镛、王筠、罗惇衍、赵振祚（《年谱》列名参订人员）。这批人在道光二十三年（1843）春天，一道推动了另一件大事，即顾炎武祠的建立。

---

① 张穆：《顾亭林先生年谱》，载《北京图书馆藏珍本年谱丛刊》第72册，北京图书馆出版社，1999，第291页。
② 王献松：《论〈四库全书总目〉对顾炎武学术史地位的建构》，《人文论丛》2015年第2辑，武汉大学出版社，2015，第282页。
③ 张穆：《顾亭林先生年谱》，载《北京图书馆藏珍本年谱丛刊》第72册，北京图书馆出版社，1999，第162页。

据段志强的研究，道光二十三年五月二十八日，张穆在给许瀚的信中写道："昨得车秋舲《亭林年谱》，知先生生于万历四十一年五月二十八日，弟拟略仿苏斋之意，于是日勾合同志起一小会（原注：即在报国寺）（原眉：吾兄曷先于淮上起一会）。"这封写于三月十六日的信所提及的"小会"就是后来赫赫有名的顾亭林祠祭祀活动。① 在此，顾祠的两个动因得以呈现：一是车持谦《顾亭林年谱》提供的重要信息，正是在校阅车谱的过程中，张穆获得顾炎武生日的具体时间信息；二是清代文人雅集"近传统"的影响，其直接来源就是翁方纲（号苏斋）发起极具文人色彩的"寿苏会"。两个因素的共同作用，促使张穆萌生这一念头。

张穆为顾炎武开一"小会"的念头何以变成规模甚大的为顾炎武建祠的活动，原因不得而知。但在道光二十三年夏天，何绍基等人已经开始筹集资金，多方募捐，预备建立顾炎武祠。② 时间段与张穆、何绍基等同人校订《顾亭林先生年谱》的时间重合。因此不妨设想，诸位同人在校订年谱的过程中，互相砥砺切磋，言谈所及，激于意气，而终于将开一"小会"的念头扩张至为顾炎武建立祠堂。——总之，诸人以十分迅速的行动力推动顾炎武祠的建立，至道光二十三年十一月，顾炎武祠已宣告落成。③ 第二年开始，定期在顾炎武祠举行的集会活动即已展开，此后至少至 1922 年，每年常规性的祭祀活动就有春祭、秋祭、生日祭三次，"顾祠会祭一共延续了长达八十年之久，前后参与者达到五百余人，成为近代历史上持续时间最长、规模最大的文人集会活动之一"④。

如果不是何绍基将车持谦所编年谱带到北京，张穆校订徐松本年谱的事件就不会演变成南北关于顾炎武学术成果的融合。而没有这层融合，王梓材等人可能也不会参与到校订年谱的过程中。也即是说，何绍基从金陵将车持谦年谱带往北京这一看似偶然的举动，最终导致顾炎武祠的落成。这种文献层面的"蝴蝶效应"具有深层次的意义：第一，江南小地方昆山地方性的文献传统（顾炎武年谱持续一百多年的编纂接力）通过金陵等区

---

① 段志强：《顾祠——顾炎武与晚清士人政治人格的重塑》，复旦大学出版社，2015，第 69～70 页。
② 钱松：《何绍基年谱长编及书法研究》，博士学位论文，南京艺术学院，2008，第 72 页。
③ 钱松：《何绍基年谱长编及书法研究》，博士学位论文，南京艺术学院，2008，第 79 页。
④ 段志强：《顾祠——顾炎武与晚清士人政治人格的重塑》，复旦大学出版社，2015，第 4 页。

域文化中心，获得更大的展示机会，最终经由何绍基之手，进入清帝国文
化中心——北京，由此揭示了清代地方性文献流转及发生意义的路线图；
第二，车持谦本年谱代表的南方学术系统与徐松代表的北方学术系统碰撞
之后，催生集成性的年谱著作，此状况表明南北学术融合可以发生奇妙的
化学反应；第三，以何绍基、张穆为核心的《顾亭林先生年谱》的编订人
员，在纸本文献的工作之余，合力推动实体性祭祀建筑的建立，显示了文
人的文化行动力及"结社"观念的勃兴，为道、咸以后学术日新的表征。

张穆《顾亭林先生年谱》还存在诸多何绍基"用力"的痕迹。如《年
谱》的附录是何绍基道光二十四年五月所作《顾先生祠诗》，此时何绍基因
出任贵州乡试副考官而离开北京，同人在顾炎武祠设宴送行，因而有感而
作。诗中云："亭林先生祠，小子始营缮。……先生冠儒林，狂澜植厓堰。
君亲鉴吾身，学行须贯穿。愿从实践入，敢恃虚谈便。"① 详细记载何绍基
等人筹划顾炎武祠的建立，何绍基对顾炎武学行的钦佩之情，等等。诗作
情感充沛，读来令人肃然起敬。不唯如此，何绍基还让儿子何庆涵也参与

《亭林先生中年以前小像》，见张穆《顾亭林先生年谱》

---

① 何绍基撰，何书置整理《东洲草堂诗钞》，岳麓书社，2008，第 168～169 页。

其事。张穆《顾亭林先生年谱》前附顾炎武画像一幅，就是何庆涵所摹。画像题为《亭林先生中年以前小像》，左下方一行题字云："第七世侄孙淳德家藏本，道州后学何庆涵敬摹。"画像中顾炎武身着明朝衣冠，"这个细节表明，政治上的忌讳正处于一个从高压到宽松的过渡阶段"①。

三　顾祠营建的何绍基贡献

顾祠的建立过程，与《顾亭林先生年谱》的集体编纂行为有明显差异。营建顾祠，不仅需无形的智力与精力，更需有形的资金投入。据《顾亭林先生年谱》所附《顾祠捐赀姓名》，知叶志诜、劳崇光、李星沅、祁寯藻、罗绕典、潘曾玮、徐松、何绍基、张穆、王筠等35人共捐资678两白银筹建顾祠。在募集建祠资金的过程中，何绍基几乎"一力任之"，并充分调动起湖南文人群体与其他友朋，写作大量请托信件。② 这种事务性的交际不断激活人际网络，同时也检验友朋的志趣及交谊的深浅。可以估计的是，在整个募集资金过程中，何绍基和张穆寻求的资助者当超过捐资的35位。通过这次顾祠的建筑，何绍基和张穆也得以筛选他们的交游圈。与编纂年谱付出的智力支持相比，营建顾祠需要更多身体力行的劳动，包括规划、选址、召集工匠、监工等一系列活动。尽管《何绍基日记》对顾祠营建阶段的记载十分简略，常常只记载至报国寺，或简略云"至报国寺看工"。但在顾祠后一阶段的扩建过程中，由于发生更为复杂的事情，《何绍基日记》予以明确记载，例如如何选址、立定契约等，甚至还记载了一位工人不慎受伤。③ 这种亲自参与的劳动，付出的心血非编纂年谱时搜集排布文献可比，而其所得的体会自然更为深刻。通过事务性的劳动，顾祠的建设过程进一步筛选何绍基、张穆的交往群体，既检验了他们的友谊，同时也提纯了倾慕顾炎武群体的人，那些仅口头声称以顾炎武为榜样的士人可能被汰除出这个圈子。

关于顾祠的内部布置，论者多引叶名澧咸丰七年所作《三月三日顾先

① 段志强：《顾祠——顾炎武与晚清士人政治人格的重塑》，复旦大学出版社，2015，第50页。
② 段志强：《顾祠——顾炎武与晚清士人政治人格的重塑》，复旦大学出版社，2015，第76页。
③ 《何绍基日记》道光二十五年二月廿五日载："至报国寺，适有泥匠从屋上跌落，久获苏，急买黎洞丸，令服之。"

生祠致祭集饮》加以说明，叶氏诗注云："亭林先生祠在报国大慈仁寺侧，西室东向，三楹两庑各五，北以庋书板，南以备宴集。修成不数年，两庑皆陨圮，不复治。名澧因与汪仲穆、孔绣山议……名澧捐赀刻石，嵌诸祠壁。"① 叶氏并未提及顾祠早期建设经过，从而予人以顾祠在建立之初空间布局即已如此的印象。

实则顾祠的建设并非一蹴而就，而是逐步累积的。试将《何绍基日记》的记载作一罗列。

> 道光二十三年十一月十五日，早未出。午间报国寺奉安亭林先生神主。
>
> 道光二十五年二月十五日，到报国寺，看定顾祠添屋基址。
>
> 二月十六日，顾祠动业开工。晚饮蒋誉侯亲家处，甚迟。
>
> 二月廿一日，晨到报国寺，因顾祠添屋，基址须另打，酌移前一丈。
>
> 三月初五日，报国寺顾祠厢房工毕矣。
>
> 三月廿七日，晨，静。午间至顾祠，看王騰轩移居寺中，为部置一切也。
>
> 三月廿八日，晨，至騰轩处，校《宋元学案》两卷。
>
> 八月廿六日，早，到报国寺，看定殡所。又顾祠添屋事商量定准。
>
> 八月廿七日，发题，主陪吊各帖。
>
> 八月廿八日，客来渐少。石州、伯厚来话。今日辰刻顾祠动工添南屋亭也。
>
> 九月初七日，顾祠移入开成井阑。
>
> 九月初八日，五更小雨，晨，阴冷。到庙上早供。顾祠安石刻小象。
>
> 十月十五日，庙中上祭。顾祠工程全完。②

---

① 叶名澧：《敦夙好斋诗全集》续编卷6，载黄珅、严佐之、刘永翔主编《顾炎武全集》第22册，上海古籍出版社，2011，第402页。

② 引文据笔者与毛健合作整理《何绍基日记》，岳麓书社即出。

笔者认为道光二十三年安放顾炎武神主时，顾祠仅仅具有一楹，当时并没有南北厢房。故而道光二十三年、二十四年顾祠会祭虽在顾祠举行，而宴饮等活动多在旁边的护国寺举行。道光二十四年年中何绍基因任学政外出，未得扩建。直至道光二十五年，何绍基始精心规划顾祠的扩建。顾祠的扩建是先建北边厢房，建完之后，根据何绍基的安排，王梓材就很快搬进入住，从事《宋元学案》编校工作。此后，在当年八月廿八日，顾祠又开始南边厢房的扩建。在南厢房的建设中，何绍基先后移入开成井阑，并给顾祠安上石刻顾亭林小像。关于开成井阑，何绍基《跋梅蕴生藏唐志石拓本》一文云："余在京师，尝驱车数日寻唐淤泥寺《心经》，得之城西鹫峰寺。又曾于西便门下土道中，得开成井栏，移置报国寺胡桃树下。"① 可见何绍基对顾祠建设的用心。何绍基家族与报国寺渊源很深，道光二十年，何凌汉卒，移柩报国寺，何绍基此期在报国寺读《礼》。② 此后报国寺也多次成为何氏家族的殡所。而从何绍基商定顾祠添屋的基址、屡次看工等情况看，顾祠在一定程度上当属何绍基家族的产业。

四　何绍基诗歌中的顾炎武和顾祠

在顾炎武祠堂建立之后，何绍基诗文中记载顾炎武相关的作品持续增多。据笔者初步统计，直接或间接提及顾炎武和顾炎武祠的诗文作品多达29 篇。这些诗文作品主要分两类：一类是表彰顾炎武学术和人格，将其作为榜样进行言说；另一类是咏叹顾炎武祠，既描绘顾祠的兴衰及祭祀诸事，更重要的是，借此怀念与祭顾祠的同道好友，抒发人生际遇的感慨。

道光二十四年离开京城以后，何绍基写有《怀都中友人》一诗，诗中有云："正学亭林实指南，儒林第一传无惭。礼官幸有诸孙在，庙食何时孔庑参？"③ 明确指出自己的学术榜样。在何绍基看来，顾炎武是儒学正统指南式的人物，位列《国史儒林传》当之无愧。关于顾炎武的学术地位，《四库全书总目提要》评价其《日知录》时称顾炎武"博极群书，精于考证，

① 《何绍基诗文集》第 2 册，龙震球、何书置校点，岳麓书社，2008，第 816 页。
② 钱松：《何绍基年谱长编及书法研究》，博士学位论文，南京艺术学院，2008，第 59～60 页。
③ 《何绍基诗文集》第 1 册，龙震球、何书置校点，岳麓书社，2008，第 259 页。

国初称学有根柢者，以炎武为最"，又章学诚云"世推亭林为开国儒宗"①。顾炎武作为清代学术开山式人物已为今天学术界广泛认可，但在清初，不管是"三大儒"还是"四大儒"，其实并不包括顾炎武的名号，等到编修《四库全书总目》时，顾炎武的学术地位方才上升，但也多局限在考据学方面。及至阮元、何绍基、张穆等人推动之后，顾炎武才从"纯粹的经史考证"形象逐步过渡到"结合经济以明道救世"的光辉形象。② 在这种转变过程中，何绍基等人建立顾祠、创建顾祠会的活动起到了相当大的推动作用。正是何绍基等人对顾炎武经世思想的不断发掘、建构，顾炎武的形象才不断丰满，超越"汉宋之争"，而成为士人普遍追寻的大儒典范。

顾祠集会还给何绍基带来了稳定的交游圈。在写给张穆的诗中，何绍基写道："尚友顾阎如奉手，纵横万里小月斋。"③ 凭借顾祠这一固定的活动空间，以何绍基和张穆为中心的京师交游圈得以固定，团结了一大批有抱负的官僚读书人。即使在何绍基离开之后，他通过绘制《顾祠春禊图》，得以继续在清帝国的其他场所，邀请他人题咏，展阅手卷，从而将顾祠这一京师固定的活动场所转移到纸面，携带四方，扩大了顾祠的社会影响，而他本人也在展阅手卷中，得到理想的感召、友朋的慰藉。

王汎森《权力的毛细管作用：清代的思想、学术与心态》试图回答，"这个国家最有创造力的读书人们，究竟被什么问题所纠缠，想成为什么样的理想的士人"④。从道光时期的何绍基等人步武顾炎武的历程中，似可以管窥一二。即世道发生重要转变之际，敏锐的知识分子已经嗅到社会变革的因素，欲求改变的他们在苦苦寻觅中，找到顾炎武这样的理想榜样，通过对顾炎武思想、精神资源的重新挖掘和阐释，他们得以印证自己的学术追求和人生品格。通过纪念性的集会，将这种偶像崇拜具象化，从而感召更多志同道合的人参与其中。尽管无从测度顾祠聚会在实际层面的政治影响力，但一群聚集在京师的官僚化知识分子的聚会，不断讨论各类问题，

① 章学诚：《浙东学术》，载章学诚著、叶瑛校注《文史通义校注》，中华书局，1985，第523页。
② 王家范：《明清江南史丛稿》，生活·读书·新知三联书店，2018，第137页。
③ 《何绍基诗文集》第1册，龙震球、何书置校点，岳麓书社，2008，第257页。
④ 王汎森：《权力的毛细管作用：清代的思想、学术与心态》，"序论"，北京大学出版社，2015。

显然已经触及清代中前期禁止文人结社的禁区，更多有价值的思想火花正从中迸发。何绍基的湖南友人魏源编选《皇朝经世文编》，选录顾炎武文章达 97 篇，位居全书第一，显然也非偶然。魏源也是顾祠集会的一员。

四　余论

1941 年，瞿宣颖（瞿鸿禨之子）在北平《中和》月刊发表《道光学术》一文，文章开篇即云："昔者道光二十三年，何绍基、张穆创建顾亭林祠于燕京广宁门内之慈仁寺，岁举祀事。及咸丰六年重修，而朱琦、王锡振为文以纪之。今祠尚岿然。尝过而仰瞻，慨叹作而言曰：乌乎！此世运之关键，君子所以俯仰百年而有深忧者，有以夫！"① 瞿宣颖将何绍基等人创建的顾祠及其一系列活动看得如此重要，以为这关系晚清世运变迁，并非大言欺世。

道光年间，在与张穆、徐松等人的交往中，何绍基等人当也在寻找精神的出路。在其日记中，他密切关注鸦片战争的动向，战败和《南京条约》的签订，给何绍基等人以强烈的刺激。在他们苦苦寻找精神出口时，偶然遇见车持谦的《顾亭林年谱》。正是这一本小小的年谱，使他们寻找到顾炎武这个精神偶像，且促成南北学术的碰撞，最终的结果是催生顾炎武祠的建立。这所祠堂的建立，给晚清八十年的文人活动增添了一抹亮色，顾祠祭祀的兴衰由此也成为晚清世运变迁的表征。光绪末年，顾炎武与黄宗羲、王夫之等人一道入祀孔庙。从各个层面而言，顾炎武已经步入神坛，何绍基等人的推动作用至此取得圆满的结果，尽管此时顾炎武对知识分子的激励作用不免下降。

一言以蔽之：在研究何绍基的生平、学术与思想时，他与顾炎武的这层关联，不当忽视。

---

① 楚金（瞿宣颖）：《道光学术》，《中和月刊》1941 年第 1 期。

媒介融合的变局、因应与创新：以谭嗣同与湖南维新运动为中心

张维欣　　张玉亮*

摘　要：媒介融合是信息时代背景下产生的一种媒介发展理念，是在互联网迅猛发展基础上的各种媒介通过有机整合，呈现多功能一体化的趋势。本文试图以谭嗣同在湖南维新运动期间的实践为中心，考察两个甲子之前变法先驱的媒介融合实践活动，试图从中总结出一些规律与经验，以期为当下出版传媒业界与学界提供借鉴。

关键词：媒介融合　谭嗣同　维新运动

"媒介融合"（media convergence），最早由麻省理工学院媒体实验室创办人尼古拉斯·尼葛洛庞蒂提出，其概念有广义、狭义之分：狭义的概念指将不同媒介形态融在一起会产生质变，形成一种新的媒介形态，如电子杂志、博客新闻等；而广义的"媒介融合"则涵盖一切媒介及其有关要素的结合、汇聚甚至融合，不仅包括媒介形态的融合，还包括媒介功能、传播手段、所有权、组织结构等要素的融合。学界目前的相关研究成果对媒介融合的概念、趋势、落地方案、实践得失等均有较为详尽的探讨，而对历史上出版人早期媒介融合实践的考察则相对较少。本文试图以谭嗣同等维新派在湖南的实践为中心，考察两个甲子之前变法先驱的媒介融合实践活动，试图从中总结出一些规律与经验，以期为当下出版传媒业界与学界提供借鉴。

---

* 张维欣，湖湘文化研究会理事，时务学堂研究会理事；张玉亮，中华书局副编审，中国新闻史学会编辑出版研究委员会常务理事。

一　变局：为什么要融合

以谭嗣同为代表的那一代知识分子，所面临的是一个三千年未有之大变局。① 这种深刻的时代剧变反映在媒介发展上，至少包括以下几个方面。

一是政治上的变局。鸦片战争以来，在西方列强的冲击下，中国社会产生激烈动荡和裂变，特别是 1895 年中日甲午战争失败后，曾自诩为天朝上国的晚清帝国首次被一衣带水的蕞尔小国打败，并割让土地，这在当时朝野产生了极为强烈的影响，巨额的赔款也使政府捉襟见肘，严重阻碍了洋务运动以来中国近代化的发展进程，内忧外患愈加严重。

二是文化上的变局。随着洋务运动的彻底破产，洋务派在国内备受打击。内忧外患的加剧，使得有志之士陷入民族危亡的极度焦虑之中，上下各阶层知识分子皆在探索救国之路。举国求变，洋务派思想未完全消歇，革命派思想也初露锋芒，维新思想则成为当时的主流思想。

三是媒介话语上的变局。随着国门被坚船利炮打开，晚清时期的中华大地，不再只有政府一个声音。相较而言，中国近代报刊的发展本就滞后，随着传教活动而带来的近代西人所办出版物使传统的中国报刊出版行业受到极大冲击。除产业冲击以外，文化心理上的冲击更大，中国处于西人有权办报而华人不能办报的窘境中，以致出现了中法战争中《申报》和《字林西报》等西人报刊大肆宣扬"输金议和"观点以误导民众的情况。清廷也逐渐认识到媒介话语权的重要性，尝试创办官书局和报馆。

与此同时，民报也迅速崛起。据戈公振先生研究，我国民报之产生，以 1873 年在汉口出版之《昭文新报》为最早，次为 1874 年在上海出版之《汇报》、在香港出版之《循环日报》，1875 年在上海出版之《新报》，以及晚此 10 年在广州出版之《广报》。它们均为"当时深悉外情者之所为，惜国人尚不知阅报为何事，未为社会所见重耳"②。直到 1895 年中日甲午战争

---

① 同治十一年（1872），李鸿章在《复议制造轮船未可裁撤折》中言："臣窃惟欧洲诸国，百十年来，由印度而南洋，由南洋而中国，闯入边界腹地，凡前史所未载，亘古所未通，无不款关而求互市。我皇上如天之度，概与立约通商，以牢笼之，合地球东西南朔九万里之遥，胥聚于中国，此三千余年一大变局也。"

② 戈公振：《中国报学史》，上海古籍出版社，2014，第 90 页。

时，强学会创办的《中外纪闻》与《强学报》先后在京沪刊行，《万国公报》《时务报》等报刊成为发表政论、鼓吹变法和介绍西学的主要途径。

四是出版技术的变局。19 世纪中后期，新兴的出版印刷技术广泛应用于出版业，"嘉道间，报纸多木版印刷；咸同间，始多铅印，但印机甚陋，每小时只印一二百小纸；光宣间，石印机与铅印机输入日多，报纸每日可出数千大张，然所用犹普通之印书机也。近来报纸销数大增，为缩短时间计，乃不得不用印报轮转机，每小时可印四大张者万份"①。雕版印刷使用仍很广泛，石印技术以其印刷速度快、复制还原度高等优点发挥出强劲优势②，铅印技术经过历代传教人士的悉心讲求和热心普及渐渐实现中国化，"到了 19 世纪 70 年代前后，多数中文报纸已经改用铅字印刷。差不多在 80 年代，金属活字已经在中国得到了广泛的应用"③，这使中国出版物的印刷速度与效率大幅提升，为晚清报刊出版、新科学技术与思想的传播打下了坚实的物质基础。

上述种种变局影响之下，媒介融合不仅成为可能，也成为趋势。

二　因应：怎样去融合

面对着如许变局，以维新启蒙为诉求的有志之士，结合自身的传统知识储备和西学知识、实操经验，做出了因应与实践。笔者在之前的研究中，就谭嗣同出版活动中对当下具有启发意义之处进行了梳理④，今聚焦于以谭嗣同为代表的维新派人士在湖南维新运动期间的活动，对其在"媒介融合"方面的尝试和创举进行探讨。

（一）书、报、刊等媒介间的融合

谭嗣同在参与时务学堂的教学活动中，循总教习梁启超所定章程，对

---

① 戈公振：《中国报学史》，上海古籍出版社，2014，第 274 页。
② 据曾任《申报》馆主笔黄式权的《淞南梦影录》记载："石印书籍，用西国石板，磨平如镜，以电镜映像之法，摄字迹于石上，然后傅以胶水，刷以油墨，千百万页之书不难竟日而就，细若牛毛，明如犀角。"
③ 陈钢：《晚清媒介技术发展与传媒制度变迁》，上海交通大学出版社，2011，第 37 页。
④ 参见张玉亮《谭嗣同出版实践活动的当下启示》，《湖南科技学院学报》2019 年第 4 期。

学生习作加以批语和札记，并公开出版。他还为维新同道、梁启超的得力助手麦仲华所编纂之大型图书《皇朝经世文新编》供稿，如《思纬吉凶台短书》等。该书于光绪二十三年动议，翌年年初即付梓刊行，得益于石印出版技术的优越性。

此外，晚清著名经学大师皮锡瑞之子皮嘉祐的《醒世歌》，堪称媒介融合的经典案例。皮嘉祐《醒世歌》刊于《湘报》第 27 号，光绪二十四年三月十六日（1898 年 4 月 6 日）出版。歌词中有"若把地图来参详，中国并不在中央。地球本是浑圆物，谁是中央谁四旁"之句，在当时振聋发聩，甫一面世即在湖南思想文化界产生强烈反响，甚至引发了一场激烈的新旧之争。皮锡瑞日记载：

> 见本日《湘报》，《醒世歌》已刻上，人必诟病，但求唤醒梦梦，使桑梓之祸少纾耳。假得《格物探原》，观格物甚精，言理颇诞，以为天下之物皆上帝所造，上帝又即耶稣。书乃耶稣教所为，诋天主教而好引经书，足征予言不误。（《师伏堂日记》戊戌年三月十六日）

叶德辉阅后大不以为然，致信其父皮锡瑞予以辩驳，且大肆攻讦新政，皮回信反辩，叶又以长信驳难；皮再回答，叶又续辩。两个人就此而爆发了一场大争论。皮锡瑞在三天后（即三月十九日）的日记中记载了所复叶德辉之内容：

> 小儿作《醒世歌》，因见学使札谕而戏为之，报馆遂付刊刻。小儿学识谫陋，不晓地学，地球云云，乃听讲窃闻之谭复生者。

之后不久，皮嘉祐又于《湘报》第 58、59、60 号连载《平等说》，光绪二十四年闰三月二十二日至二十四日（1898 年 5 月 12～14 日）出版。其中更是有着"墨子之兼爱、尚同也，佛法之平等也，泰西之人人有自主权利，爱汝邻如己，而倡为君民一体也，名不同而旨则一也"之类的激进言论，通过探本溯源之分析而强烈推行君主与庶民之平等关系。借由《醒世歌》初刊于报刊继而因社会反响热烈而出版单行本，再在保守派攻击辩难下于报刊刊发相关理论文章进一步阐发《醒世歌》之内容与思想，将维新思想宣传推上了新的层次。而所有这些，又都源于谭嗣同在南学会的"慕课"（详见下文）。由此不难看出，媒介融合在时代变局中的巨大动能。

作为南学会机关报的《湘报》，每日一出，虽已具有较为鲜明的日报特色，但在媒介形式上仍注意与图书形式的融合，"可裁作四叶，集订成书"（姜泣群《朝野新谈》语），以便较好地兼顾当时受众的阅读习惯，最大限度地避免传播效果的损耗。

（二）不同出版技术的融合

技术变局与革新也深刻影响着维新先驱的媒介依赖。1897 年 4 月 22 日，在洋务派的激进人物、湖南学政江标的主持下，《湘学新报》创刊于长沙，旬刊，以长沙校经书院名义发行。至戊戌政变前夕即 1898 年 8 月 8 日终刊，共出 45 册。先后由江标、徐仁铸、黄遵宪任督办，蔡钟濬任总理，冯应龙任校理，唐才常、易鼐、陈为镒等任编撰人。该报是维新派与洋务派合作创办的刊物，宗旨是宣传开民智、育人材、介绍新学、变法图强。其例言称："民智恶乎开，开于学；学术恶乎振，振于师。"为此"创立《湘学新报》，将群章甫缝掖之儒，讲求中西有用诸学，争自濯磨，以明教养，以图富强，以存遗种，以维宙合"（《湘学新报》第 1 册，《湘学新报例言》）。

值得注意的是，《湘学新报》自创办之初为木版雕印，半年后从第 21 册起，《湘学新报》易名《湘学报》，也从木版雕印改为活字印刷。这一出版技术选择的变化，是与维新派日益扩大的宣传需求密不可分的。《湘学新报》为旬刊，十日一期，其单期篇幅达到三四十叶，且在创办早期有着扩大趋势，[①] 出版工作压力较大，雕版印刷的低效率渐渐不能满足实际需求，改为木活字印刷势在必行。如不谓然，则对照《湘报》的创办即可获得更为清晰的认识。

《湘报》创刊于光绪二十四年二月十五日（1898 年 3 月 7 日），报馆位于省城小东街，同年九月初一日停刊，每日出版一号，前后共出版一百七十七号。办事人员中，谭嗣同、蒋德钧、王铭忠、梁启超、李维格、邹代钧、唐才常、熊希龄为八大董事，戴德诚、梁启超、樊锥、何来保、谭嗣

---

① 以前 6 期为例，除第 4 期 35 叶相对偏少以外，其他各期皆将近 40 叶，而第 6 期则有 45 叶。

同、唐才常为撰述，李维格为西文翻译，刘善浍、王兆元为总理兼总校，谭嗣同在其中发挥了较为重要的作用。

湘省已有《湘学报》而再办《湘报》，皆因胶州事起，外患日逼，而《湘学报》是旬刊，难以迅速知晓时事新闻，反映时局变动。唐才常于《湘报序》中记述，"焚如之灾，迫于旦夕，而士夫泄沓"，于是集资办报，"以使圆颅方趾能辨之无之人，皆易通晓"，"以辅《时务》《知新》《湘学》诸报所不逮"。

谭嗣同更是与"日新"思想相联系，指出《湘学报》是旬刊，"昨日之新至今日而已旧，今日之新至明日而又已旧，然而则既已十日矣，谓之新可也，谓之日新不可也"，于是创办《湘报》，"日一出之"，以合"日新之义"，"将以风气浸灌于他省"（谭嗣同《湘报后叙》，刊于《湘报》第11 号）。

由旬刊发展为日报，固是出于维新宣传之需要，而在技术上就必须有效率更高的技术手段，这就是铅活字排印。《湘报》的"办事条例"规定，排字工人每人每天要"排成并归架各一千二百字"，工作人员"不能时常会客"，"不得无故出门旷功"（《办事凡例十九条》，刊于《湘报》第28 号），可见工作之紧张。皮锡瑞于《师伏堂日记》中对此也有记载，光绪二十四年（1898）一月二十四日："又观秉三所办湘报馆，活字、机器皆备，请戴宣乔主政，二月初即出报，属人撰文，每日一纸，不易也。"

技术的革新不是前后取代，而是相互融合，《湘学新报》的木版雕印、改名后《湘学报》的木活字排印、《湘报》的铅活字排印，以及诸如大部头图书《皇朝经世文新编》所采用的石印技术，都根据信息内容的不同特点而灵活选用，技术融合促进了媒介融合的实现，维新事业在媒介融合的加持下获得了更好的传播效果。

（三）线上与线下融合

谭嗣同等湖南维新先驱的媒介融合实践，除了线下的书、报（《湘报》每日一出，标举日新、及时为要义，具有日报性质）、刊等实体出版媒介的融合之外，还在开放式在线教育方面有所尝试。

前文已述及，维新派创办时务学堂后，教习对学生的习作以札记、批语等形式进行点评和阐发，这种思想的碰撞与激发，成为时务学堂颇具创新的教学模式，而这种创新，也被以图书形式物化下来，在课堂以外的公共渠道销售传播。① 这种传播，使受时空局限而传播力有限的学堂教育中形成的思想火花，以更有力的方式传播开来。此外，南学会的创办与讲学活动也具有类似的作用。

1897 年冬，谭嗣同、唐才常等人在湘抚陈宝箴的支持下，开始筹划成立湘省最大的、统一的学会组织——南学会。时值德国强占胶州湾，列强加紧实施瓜分中国的计划，民族危机空前严重。在湘的维新志士为"思保湖南之独立"，使"南支那""可以不亡"，"联合南部诸省志士，相与讲求爱国之理、救亡之法"，而议决组织"南学会"（梁启超《湖南广东情形》），"以联合之力，收群谋之益"。1898 年 2 月 21 日，召开第一次会议，皮锡瑞被推选为会长，南学会宣告成立。

南学会成立目的为变法自强、救亡图存。其宗旨"专以开浚知识，恢张能力，拓充公益为主义"（《南学会大概章程十二条》，刊于《湘报》34号）。该会在长沙设总会，各地设分会。《章程》规定，由湘抚选派本地绅士十人为总会长，十人各引会友。定期开讲，随时答问。由皮锡瑞主讲学术，黄遵宪主讲政教，谭嗣同主讲天文，邹代钧主讲舆地。

南学会的活动主要是讲演与答问，每七日集会讲演一次，"慷慨论天下事"，形式上"无议院之名而有议院之实"，内容上"无变法之名而有变法之实"。自 2 月 21 日第一次开讲，前后讲演十三次。其中，谭嗣同做了四次讲演，题目分别为《论中国情形危急》（第一次）、《论今日西学与中国古学》（第二次）、《论学者不当骄人》（第五次）、《论全体学》（第八次）。前文所述皮嘉祐《醒世歌》，当即受到第二次讲演中论地圆说之影响。第一次开讲，陈宝箴率地方官吏参加，以示倡导，并亲自讲演《论为学必先立志》，提出"为学必先立志天下事"，"以求振国匡时济世安人之要道"，培养"知耻有志之士"，讲演稿刊登于《湘报》。南学会的讲演集会虽然只持

① 尽管梁启超在《清代学术概论》中说："时学生皆住舍，不与外通，堂内空气日日激变，外间莫或知之，及年假，诸生归省，出札记示亲友，全湘大哗。"但其实，市面上还是有以时务学堂札记为内容的图书流通，《翼教丛编》中所收《宾凤阳等尚王益吾院长书》，就胪列了来自稿本和刊本不同载体的学生札记与批语。参见苏舆编《翼教丛编》，上海书店出版社，2002，第 145～148 页。学堂章程中也明确，"学生札记、问格、课卷，皆择其尤者抄存刊刻"，甚至细化到特地标明周期和范围，"每季刻一次，公诸天下"。

续了三个月，但对推动湖南新政的实施，形成"民智骤开，士气大昌"的局面，发挥了重要作用。

南学会的讲学，具有如下特点。

第一，参与群体的开放性。南学会的讲演是面向全体市民的，皮锡瑞在《师伏堂日记》中记载，"官绅及士人听讲者已到数十人……观者二百余人，幸不为人多吓倒"（戊戌年二月初一），"如此寒天，听讲者犹几满"（同年二月十四日），"幸未作闹，惟多拥挤向前，人气殊不可当"（同年三月二十七日），反映了当时官民皆喜、踊跃参加的盛况。

第二，组织形式的互动性。南学会的讲演，不是单向的灌输，还专门设有答问。在现存的谭嗣同著述里，就保留有《南学会答问》三则，两个提问者提出了三个问题，谭嗣同都一一回复。这两个提问者一是杨开慧之父、湖南名宿杨昌济，一是后来走向革命道路的毕永年。①

第三，演讲内容的多样性。南学会的讲演主题丰富多样，涉及时政、经史、天文、地理、工商、公法、宗教、外交、兵制、数学等各方面，极大开拓了学生与民众的眼界。而且在呈现方式上力求多样，使用了幻灯片等在当时较为新鲜的方式，"饮席散后，演光学……有数纸能动者，云系两张更换"（皮锡瑞《师伏堂日记》戊戌年一月十九日）。这是近代中国关于幻灯片用于讲学的较早记录。

从某种程度上，南学会的讲演，其功用与创新程度不啻于今天的慕课（大型开放在线教育）。其讲演文稿大多通过南学会的机关报《湘报》的刊发，为更多受众所熟知，进一步扩大了南学会讲学的影响力。两者相得益彰，线上与线下的媒介融合使传播效果得到大幅提升。

三　创新：融合得如何

媒介作为探索救国图存之路、启蒙思想唤起民众的重要方式，素被以谭嗣同为代表的维新先驱看重。在他们那个时代，固然谈不到"媒介融合"的理念与意识，但一颗九死不悔之心使他们开始了上天入地求之遍的探索与尝试。他们不怕辛苦，不避艰险，甚至不畏死亡。在今天看来，这些具

---

① 谭嗣同：《南学会答问》，《谭嗣同集》，浙江古籍出版社，2018，第 437～440 页。

体的媒介融合实践或许早就已经普及甚至成为常态。但若结合当时的技术条件与客观环境，他们的精神固然足以令后来人铭记，其取得的经验也值得认真总结、继承。

首先，媒介融合紧贴技术融合。以谭嗣同为代表的维新先驱高度重视西方知识，努力学习，及时更新。1897 年，谭嗣同在友人支持下创办了"金陵测量会"，对西方的天文、地理、数学、化学、物理等先进科学知识保持高度关注，其后更对铁路、矿务、农学等悉心考察，甚至亲身参与。①

谭嗣同在向老师欧阳中鹄汇报好友刘善涵行踪时透露出其同辈维新志士为引进先进技术、筹划出版阵地做出的努力："惟淞芙尚在两湖书院肄业，访查实未他往。前言欲赴上海，缘办报须购铅子，旋以股份难招，竟作罢论，亦无他往之意。"（《致欧阳中鹄》一二，光绪二十二年十一月初六日，1896 年 12 月 10 日）

在筹办《矿学报》时，因为充分考虑到地脉、矿石图样等的印制，谭嗣同也独具只眼，在草拟的章程中特地选用石印技术作为此报的印制方法。②

其次，开放与互动程度前所未有。诚如前文所言，时务学堂的教学活动，借由札记与批语的刻印走出学堂而在社会上产生广泛影响，南学会的讲演、答问与幻灯片播放，也进一步突破了新知传播的壁垒，以前所未有的开放程度向普通市民普及。这使得西方科学文化知识与政治知识得以更好地传播，湖南得以由全国最为保守的省份一跃而成最具朝气的省份，维新先驱在媒介融合实践中对互动与开放的强调，不可忽视。

最后，开拓进取的革新精神。不管是新技术的运用，还是新方式的尝试，都是以不主故常、开拓进取的革新精神为先导的。第一次将省城巡抚部院向普通民众开放讲学，第一次在内陆省份以幻灯片方式进行体验式、沉浸式传播，第一次进行跨地域、跨出版物、跨所有制的联合发行③，等等。所有这些第一次，都闪烁着维新思想的光辉。

---

① 谭嗣同著有《论湘粤铁路之益》，又有《黎少谷〈浏阳土产表〉叙》《浏阳麻利述》等农学著述，他曾奉派回乡襄助浏阳矿务。
② 谭嗣同：《创办〈矿学报〉公启》，《谭嗣同集》，浙江古籍出版社，2018，第 213 页。
③ 为扩大发行，官办的《湘学报》不仅在本省各地区设立分销处，还在上海、汉口、宜昌等地设立分销处，并与汪康年等创办的《时务报》在发行方面合作。

四　结语

综上所述，以谭嗣同为代表的维新先驱，在其变法活动中，有许多值得我们借鉴之处：观念上，锐意进取，求新求变，一改以往抱定主流媒介的局面，主动迎接新媒体、新技术；内容上，深刻把握时代发展需求，顺应当时变法求新的大势；操作上，高度重视人才，无论是时务学堂教习还是《湘学报》《湘报》之主要撰稿人，皆为专门名家、一时之选，并且充分重视政府支持。①

维新变法虽然失败了，但中国这一代早期出版人在不可估量的艰辛与反复中的上下求索，在空前强大的阻力与矛盾下的创榛辟莽，至今仍闪耀着光辉，值得后人记取与借鉴。

---

① 如《湘报》出版后，即得到湘抚陈宝箴的认可和支持，认为该报"指事类情，洵足开拓心胸，为学者明体达用之助"，并札饬各州县订购。

澧水流域屈原文化的形成及其历史影响

梁颂成*

摘　要：澧水流域，从自然地理环境来讲，既拥有富饶的澧阳平原，又直接连通长江水路，交通十分方便；从人文环境来讲，接近北方早期相对发达地区，得风气之先。尤其是楚国建都"郢"之后的400多年里，由于地缘关系，涔澧大地便成为名副其实的"京畿"地区。因此，作为楚国大夫的屈原对于国都近郊地区的澧水流域乃至沅水下游地区的民情风俗应该是十分清楚的。这直接体现在了屈原《湘君》《湘夫人》等作品中，如"澧"、"澧浦"和"涔阳"，以及由"澧有兰"而演化出来的"兰江"等内容。数千年来，屈原遗风在澧水流域绵延不绝，人们对屈原的纪念持续不断，历代修建了三闾大夫祠、忠清祠等祠庙建筑，来寄托百姓对于屈原的怀念与尊敬。

关键词：屈原　澧水　《湘君》　《湘夫人》　三闾大夫祠

屈原在《九歌·湘君》中写道："捐余玦兮江中，遗余佩兮澧浦。"又有："望涔阳兮极浦，横大江兮扬灵。"在《九歌·湘夫人》中更有："沅有茝兮澧有兰，思公子兮未敢言。"又有："捐余袂兮江中，遗余褋兮澧浦。"由此可见，屈原是将涔澧大地作为《湘君》《湘夫人》这两幕爱情剧的表演舞台来展示的。屈原对今天常德市北部澧水流域的自然环境和历史人文底蕴有十分深入的了解。正是屈原在《湘君》《湘夫人》中对涔澧大地这番赞美和向往，谱写了涔澧流域屈原文化的新篇章。

一　澧水流域在先秦时期的区位优势

澧水流域，从自然地理环境来讲，既拥有富饶的澧阳平原，又直接连

＊　梁颂成，湖南文理学院教授。

通长江水路，交通十分方便；从人文环境来讲，接近北方早期相对发达地区，得风气之先。尤其是楚国建都"郢"之后的 400 多年里，由于地缘关系，澧澹大地便成为名副其实的"京畿"地区。澧澹这种得天独厚的区位优势，古代文献中也经常强调。东汉王逸《楚辞章句》注曰："澹阳，江碕名，附近郢。"同时代许慎的《说文解字》也称："澹阳渚在郢。"庾信在北周时期写的《哀江南赋》注引《文选》刘向注曰："澹阳浦接于楚都。"这些都说明，澹阳接近郢都。可见，先秦时期，今天主要属于常德市的澧水流域，包括其支流澹水等地方，对比处于其南部的沅水流域乃至湖南省其他地方来讲，确实要"前卫"得多。

澧水位于今天湖南省西北部，全长 380 多公里，是湖南省第四大河流。澧水流域跨越湖南、湖北两省，地处长江之南，北部以武陵山脉北支同湖北清江水系分水，南部以武陵山脉南支与沅水分野，西起湘鄂山区，东临洞庭湖尾间。以澧水为主干，这里的支流水系也十分发达。主要有溇水（249 公里）、渫水（160 公里）、道水（99 公里）、澹水（117 公里）、澹水（60 公里）等，古代有"九澧"之称。"九澧"，就是统称澧水流域丰富的河流水力资源。今天沿着澧水汇入洞庭湖的安乡县开始上溯，计有津市、澧县、临澧、石门、慈利、永定区（大庸）、永顺、桑植等行政县（区、市）。它们分别属于常德市、张家界市和湘西自治州。主体在常德市境内，占有五个县市，即澧水整个中下游地区。而澧县，则为这一区域的中心，素称"九澧门户"。

除了"澧"之外，屈原作品中提到的"澹"，即澹水。澹水是澧水左岸下游的一条支流，今天在津市市以东注入澧水。上游以王家厂盆形地貌为中心，构成一片丘陵地带，北过闸口之后，西越龙神潭，南达鹰咀岩，在这里同澹水分流，东分大堰垱。往下是中下游，属于洞庭湖冲积平原区域。其北有澹康上下堤，南属澧阳平原，水道迂回于南北两堤之间。澹水水面坡降甚缓，古代应是从北而来入澧的重要通道之一。

春秋战国时期楚国的都城称为"郢"，郢都位于今天湖北省荆州市北面 8 公里左右的纪南城。曾经有 20 位楚王在那里执政，历时 400 多年，是当时长江中游地区乃至南方的一个大都会。当时各国之间的商贸往来逐渐频繁，各国的都城同时又是商业中心，郢都也不例外。同时，它还是长江中游水陆交通的枢纽，军事上自然也是兵家必争之地。根据考古发掘，郢都的规模在当时算是十分庞大的。其城址从东到西全长 4450 米，城南到城北宽 3588 米，城墙的周长为 15506 米。① 全城共有七座城门，城内有四条古河道，显然为舟楫交通格局所需。当时的城墙以土筑成，至今依然还存在，有的地段高达 6.7 米。从城内发掘出来的春秋战国时期的文物，现在大部分收藏在荆州博物馆内。郢都的辉煌一直延续到公元前 279 年，这一年，郢都遭到秦大良造白起带领的秦军进攻。次年，即公元前 278 年，楚王东迁，郢都被攻破，从而变成一片废墟。

白起指挥的秦军中，有一位从蜀地太守位子上调拨而来的将军名叫张若，他带领攻郢秦军中的一支，直接南下向洞庭湖地区推进，于公元前 277 年抵达今天的常德市城区一带，并在沅水畔的一片高地上修筑了坚固工事，作为向沅水南岸德山方向强渡沅江发起新的攻势的跳板，这就是常德历代方志中所载的"张若城"。这一情况说明，地处今天湖北荆州和湖南常德之间的"澧州"，离楚国当时的心脏地区"郢"都更为接近，有着国都近郊的特别优势。

今天从湖北荆州市到湖南常德市，公路里程不过 200 公里左右，直线距离更近。处在二者中间的"澧州"地区，同当年楚国心脏地区郢都的关系可想而知。实际上，在楚国之后的历史上，澧州乃至常德一带，曾经都是荆州的辖区。东汉顺帝时期，荆州的治所就曾设在常德城以东三四十里地的今常德市鼎城区断港头乡城址村，即古"汉寿城"。清嘉庆《常德府志》卷三记载："顺帝阳嘉三年（134），移荆州刺史治汉寿。汉《郡国志·武陵·索》注：应劭曰，顺帝更汉寿。"唐代刘禹锡《汉寿城春望》诗曰："汉寿城边野草春，荒祠古墓对荆榛。田中牧竖烧刍狗，陌上行人看石麟。华表半空经霹雳，碑文才见满埃尘。不知何日东瀛变，此地还成要路津。"沧海桑田，尽管到唐代这里就已荒芜，不再是"要路津"了，但那"荒祠""古墓""石麟""华表""碑文"等，却分明昭示着曾经的繁华。

这些都说明，当年在郢都"入则与王图议国事，以出号令；出则接遇宾客，应对诸侯"，并且"博闻强志，明于治乱，娴于辞令"（司马迁《史记·屈原贾生列传》）的屈原，对于国都近郊地区今天的澧水流域乃至沅水下游地区常德一带的民情风俗应该是十分清楚的。因此，笔者认为，单一

---

① 赵树杰、蔡善国编著《荆州史话》，华中师范大学出版社，2017，第 3 页。

地按照各自认定的屈原作品中的放逐路线，以为他走到哪里才对那里的情况有所了解，然后再写到作品中，这样的理解未免过于机械！屈原来到沅澧地区，也不一定要先到鄂渚（即武昌一带）之后，再往南向西到达沅澧地区。唐代杜牧所作《兰溪》（兰溪，在澧州）诗就说："楚国大夫憔悴日，应寻此路去潇湘。"也就是说，屈原在作品中留下的放逐路线，如《九章·涉江》中的"乘鄂渚而反顾兮"之类，只是他生平中某一次的经历而已，绝不能认为是诗人一生的经历，或者唯一的经历。

二　澧水流域有关屈原文化的遗迹

澧水流域屈原文化遗迹在其作品中的体现，主要是《九歌》中《湘君》《湘夫人》两篇中的"澧"、"澧浦"和"涔阳"，以及由"澧有兰"而演化出来的"兰江"。

（一）澧、澧浦

在屈原的所有作品中，提到"澧"这一地名共三次。其中一次是《湘夫人》中的"沅有茝兮澧有兰"，"澧"与"沅"并列而言；另外两次就是"澧浦"这一复合地名：一次是《湘君》中的"捐余玦兮江中，遗余佩兮澧浦"，一次是《湘夫人》中的"捐余袂兮江中，遗余褋兮澧浦"。

"澧"之名，始见于《尚书·禹贡》："岷山导江，东别为沱，又东至于澧。"先秦最古老的地理书《山海经》则多次提到"澧"，其中说到"澧水出焉"的地方就有三处，但由于古今地理环境的巨大变化，已经很难判定哪一处是指今天的澧水。清同治《直隶澧州志》卷二十六《辨讹》认为《中十一经》的"雅山，澧水出焉"，近似指今天的澧水。"雅去衡山九十里，虽道里未必确，而地差近，当以雅山之澧为澧州之澧"，"但据现在澧源，山无名雅者"，故最终结论还是"澧水未有确见也"。

然而在《山海经》的另外一处，则将澧水同沅水并称为"澧沅"，又以此同"潇湘"对称，其中所载特产风物等也多与楚辞所咏一致，则确凿无疑是指今天的澧水。《山海经》卷五《中山经》：

　　又东南一百二十里，曰洞庭之山，其上多黄金，其下多银、铁，其木多柤、梨、橘、櫾，其草多葌、蘪芜、芍药、芎䓖。帝之二女居之，是常游于江渊。澧沅之风，交潇湘之渊，是在九江之间，出入必以飘风暴雨。是多怪神，状如人而载（缠绕）蛇，左右手操蛇。多怪鸟。

关于"澧浦"的含义，"澧"就是澧水，《书经》已提及。《尚书·禹贡》："岷山导江，东别为沱，又东至于澧。""浦"就是水边、河岸，"澧浦"就是澧水的岸边。至于具体所指，则有些区别，有的认为它是一个具体地"点"，而有的则认为它是一个地"域"，即澧水下游两岸。

王达津于1995年在《渤海学刊》第1期上发表的《李群玉生平系年》中，就有对"澧水"和屈原作品的关系的详细说明："澧水流经澧县入洞庭，即《九歌·湘夫人》中'沅有芷兮澧有兰''遗余佩兮澧浦'所指。澧县地方在源出该县龙洞山的涔水北面。所以也是《九歌·湘君》中'望涔阳兮极浦'所指。"

辛文房在《唐才子传》中为李群玉作传时，也详细讲到过屈原和澧浦的关系："夫澧浦，古骚人之国。屈平仕遭谮毁，不知所诉，心烦意乱，赋为《离骚》。骚，愁也。已矣哉，国无人知我兮，又何怀乎故都！委身鱼腹，魂招兮不来，芳草萎苐，萧艾参天，奚独一时而然也！""古骚人之国"，就是让古代诗人（屈原）产生愁绪的地方。这里显然是将沅澧作为屈原"行吟泽畔"的地区之前提下做出的顺理成章的判断。"澧浦"，他们显然认为只是一个地域，而不是某一地点。

然而，何光岳先生在《三湘掌故》中，引经据典之后，则将"澧浦"定得很具体，认为就是在澧水入沅水北支处的澧口之浦，即澧县毛里湖公社（今毛里湖公社已不存，其地属常德市津市市保河堤镇与渡口镇）："《湘君》云：'捐余玦兮江中，遗余佩兮澧浦。'又《湘夫人》云：'捐余袂兮江中，遗余褋兮澧浦。'两次都提到澧浦。戴震《楚辞通释》云：'澧浦，《水经注》云："澧水流注于洞庭湖，俗谓之曰澧江口也。"……《离骚》曰："沅有芷兮澧有兰。"'澧浦，即澧水入沅水北支处的澧口之浦，在澧县毛里湖公社。"

比较两种说法，我们认为还是不宜将屈原作品中的"澧浦"定在某一点为好。因为，如果将《湘君》《湘夫人》看作一幕爱情剧，它所表演的舞台应该是包括西洞庭湖在内的沅澧大地，是作家头脑中一个驰骋想象的巨大空间，而不应是像今天实际表演中的一个数十平方米的小小舞台。民国《澧县县志》载有"城外八景"，其中有一"佩浦渔歌"：

> 佩浦渔歌，因《楚辞》"遗余佩兮澧浦"，以为诸浦通名，无定指也。澧民多业渔，棹歌互答，与欸乃声相送。夕阳晒网洲渚，酬唱杂沓，佳江景也。

这样的理解无疑是准确的。因此，湘君、湘夫人"遗余佩"和"遗余褋"的"澧浦"，只不过是作家想象中的同一地方而已。至于屈原为何要选择这个"澧浦"作为一对没能见面的剧中情人的"接头"地点，那应该是由他头脑中对这一地域历史和文化的深刻了解和理解所决定的。就像今天的著名剧作家们，其作品中一个道具的设计、一个场景的安排，都不是无意识的。

（二）涔阳

"涔阳"这一地名，出现在屈原《九歌·湘君》中："望涔阳兮极浦，横大江兮扬灵。"倘若是孤立来看，似乎显得单调，也不能说明太多问题。可贵的是，它在《湘君》《湘夫人》里，同"沅""澧"等联系起来，那就成了武陵屈原文化的一个重要元素。

《水经注》卷三十七提到了"涔水"，"作唐县，后汉分孱陵县置。澧水入县，左合涔水。水出西北天门郡界，南流径涔坪屯，屯堨涔水，溉田数千顷。又东南流注于澧水"（此条也说明古代所置的作唐县，应该不仅仅局限于今天的安乡县）。宋人洪兴祖《楚辞补注》："今澧州有涔阳浦。"清胡渭成书于康熙三十六年（1697）的《禹贡锥指》也说："《九歌》涔阳，公安旧县东南有涔阳镇，即其地。"宋乐史《太平寰宇记》卷一百四十六："公安县涔港，在县西六十里。"清同治《直隶澧州志》："涔水为岷江别派，从公安入境为四水口，又东南流过焦圻、一箭河至汇口入澧，故称涔澧。"何光岳先生曾经分析，古代的涔水"曾经南北分流入（洞庭）湖入（长）江，在涔水之北都可称涔阳，唐代也称澧县为涔阳"（《三湘掌故》）。

翻检现代辞典，发现一个有趣的现象。《中国历史地名大辞典·下》：

"涔阳：①战国楚地。在今湖南澧县东北。《楚辞·九歌·湘君》有'望涔阳兮极浦'句。②在今湖北公安县南一百里。以在涔水之阳而名。《资治通鉴》：五代梁开平元年（907）九月，'雷彦恭攻涔阳、公安，高季昌击败之'。北宋置涔阳镇。"实际上，这两条解释是一回事，只是叙述者的立足点不同而已。①是站在湖南省澧县县城的位置说话：涔阳"在今湖南澧县东北"；②是站在湖北省公安县县城说话：涔阳在"今湖北公安县南一百里"。编辞典的人搜集资料以后，以为这是两个地方，于是便列出了两条解释。看来因地理方位叙述中立足点不同而产生的歧义，是不会少的。

代表澧水流域屈原文化标志的"澧浦"和"涔阳"，既然是专为《湘君》《湘夫人》这幕爱情剧所设的，那么便有必要对相关情况做一些考察。

一是既然承认《湘君》《湘夫人》是一幕爱情剧，那就必然有一个剧情展开的场景。

有关这两篇作品的内容，潘啸龙认为，《湘君》是由装扮成湘君模样以接迎神灵的巫者所唱。因为对山川之神的祭祀，采取"望祀"形式，湘水之神不会降临祭祀现场。故诗人构思迎神巫者在湘江、洞庭四处寻找湘君的情状，最后将给湘君的祭品投入江中，送往澧水滨，以遇祭湘君。湘君为湘水男神，与下一篇的"湘夫人"同为湘水夫妇之神。《湘夫人》由装扮成湘夫人模样以接迎神灵的巫者所唱。巫者边舞边歌，作到处寻觅湘夫人的情状，并在水边修筑好芬芳的"水室"，迎接神灵的到来。然湘夫人亦未到祭祀现场。最后将给湘夫人的祭品（衣装）沉入水中，送往澧浦，以遥祭湘夫人（见《诗经楚辞鉴赏辞典》）。

关于这幕爱情剧所展示的场景范围，我们从《湘君》《湘夫人》两篇所涉及的今天还可以确指的地域名来看，是以澧、涔为中心的，北达"江（长江）"而南至"沅（沅水）"。将这些诗句集中起来可以看得更明白：

令沅湘兮无波，使江水兮安流。

驾飞龙兮北征，邅吾道兮洞庭。

望涔阳兮极浦，横大江兮扬灵。

捐余玦兮江中，遗余佩兮澧浦。（以上《湘君》）

帝子降兮北渚，目眇眇兮愁予。袅袅兮秋风，洞庭波兮木叶下。

沅有茝兮澧有兰，思公子兮未敢言。

　　　　捐余袂兮江中，遗余褋兮澧浦。（以上《湘夫人》）

　　从这里，我们可以清楚地看出，《九歌》中这幕有着上（《湘君》）、下（《湘夫人》）场的爱情剧，如果要在想象中还原现场的话，其背景就是烟水迷茫、"蒹葭苍苍"的宽阔的洞庭湖，其舞台就是南到沅水、北至长江的沅水、澧水中下游地区。当今张艺谋等艺术家，尝试运用大型自然场景来展示艺术作品的内容，编导了号称世界上最大的、最具魅力的山水实景剧场，推出了《印象刘三姐》等节目，从而取得了巨大成功。他是否从屈原的作品中受到过启发不得而知，但《湘君》《湘夫人》乃至《九歌》其他作品，甚至《离骚》那驰骋想象的上下求索场面，等等，无不借助"沅湘"巨大的场景，上天下地全方位立体式地展开剧情。它对艺术家的启示，应该是独特性的。

　　二是看似同这幕爱情剧关系不大，但人们又时常混淆不清的一个问题，即"令沅湘兮无波"中"沅湘"的"湘"具体所指的问题。

　　"湘"，一般来讲，就是指湘江。后来"湖南"形成之后，因为它是境内第一大河流，故又成为湖南省的代称。站在现代角度，这都是没有问题的。只是我们用后世的这些成形"定义"去套古代作品中的某些内容，有时会觉得别扭。因此，笔者认为，在屈原暨楚辞的研究中，就像后来"大一统"的国家不同于先秦时期的诸侯"封国"的问题一样，一些具体地名的古今内涵也是存在一定差异的，"湘"就是突出的一个。

　　今天的湘江，进入洞庭湖以后，就不叫"湘江"而叫"洞庭湖"了，这在地图上也可以看得很明白。我们今天叙述湘江同长江的关系，是说湘江进入洞庭湖之后再汇入长江。很显然，两者的关系是间接的，即湘江并不直接进入长江。考察古代文献中的"湘"或"湘水"，却不是这样的。《水经注》卷三十五《江水》：

　　　　江之右岸则清水口，口上即钱官也。水自牛皮山东北通江，北对清水洲，洲下接生江洲，南即生江口，水南通澧浦。江水左会饭筐下口，江浦所入也。江水又右得上檀浦，江溠也。江水又东径竹町南，江中有观洋溠，溠东有大洲，洲东分为爵洲，洲南对湘江口也。

《水经注》的这段话中，具体地名由于水中洲渚的变迁古今差异可能很大，有些也难寻觅了，但其中叙述"江水（长江）"同"湘江"的关系，却是十分明白的，即"湘江"同长江的关系是直接的：长江中的"观洋溠"，东面有"大洲"，大洲东分为"爵洲"，"爵洲"的南面对着"湘江口"，这就是当年"湘江"直接进入长江的河口。《水经注》卷三十五接下来又说：

> （江水）又东至长沙下隽县北，澧水、沅水、资水合东流注之。凡此诸水，皆注于洞庭之陂，是乃湘水，非江川。湘水从南来注之。江水右会湘水，所谓江水会者也。

根据这一记载，沅水东至下隽县西，澧水东至下隽县西北入洞庭。故这里所说的"下隽县"，应该在今洞庭湖东北岸一带。值得注意的是，这里提到的三个"湘水"，内涵却是不同的。前一个指的是"洞庭之陂"，后两个才是指今天的湘江。这就是说，远古的湘江是有一条主流（主航道）直接进入长江的，而"洞庭之陂"则是与它相通的一个很大的水渚。沅水、资水等则是先注入"洞庭之陂（洞庭湖）"，之后再汇入长江。也许越到后来，湘江汇入长江的下游区段，同"洞庭之陂（洞庭湖）"之间的界限，由于浪淘水蚀的原因越来越不明显，直至消失，于是就有了"湘"也指洞庭湖的意思。

这一点搞清楚了，许多问题可以迎刃而解，历史上的"沅湘""资湘""潇湘"等"三湘"之称也就顺理成章，即"湘"就是洞庭湖，"沅""资""潇"就是汇入洞庭湖的河流。为什么没有"澧湘"？那是因为它本来贴近长江，不需要入湖，而有自己的独立通道，即前面所述"（清水口）水自牛皮山东北通江，北对清水洲，洲下接生江洲，南即生江口，水南通澧浦"。《山海经》中称湘水是"出舜葬东南陬，西环之，入洞庭下"，而称沅水是"出象郡镡城西，又东注江，入下隽西，合洞庭中"，亦可作为佐证。

弄清楚了这一点，我们就可以对《湘君》《湘夫人》中的有关问题做出判断。

首先是"湘君""湘夫人"的称呼问题，一般认为他们是"湘水配偶神"，这种说法本身没有问题。只是这里的"湘"，是指古代湘江同长江相通的下游区段，即以君山为中心的洞庭湖，后来也泛指洞庭湖了。也就是说，站在今天的立场来看，"湘君"和"湘夫人"，就是洞庭湖水神。了解了这一点，历代洞庭湖区域内，无论是资水流域、沅水流域还是澧水流域，都建有纪念"二湘"的神祠，民间流传有关于"二湘"的传说，文献有祭祀"二湘"的记载，也就不难理解了。否则，闹笑话是难免的。例如，位于洞庭湖以西的常德市，向来重视城市文化建设，于 2002 年在市中心武陵大道和洞庭大道交会的街心，建设了一座高大的城市标志性雕塑——《湘君与湘夫人》。懂得湘君、湘夫人与常德地方文化关系的人们倍感欣慰，拍手叫好；而不大了解具体情况的则望文生"疑"，说什么"湘君、湘夫人都是湘江那边的神，搞到我沅水常德地方来，不是瞎胡闹啊"。甚至竟有在正式场合当面向地方政府领导人质疑者。当然，能够就城市文化建设问题咨询或质问地方政府领导人，这是民主的表现，也是市民关注公共建设事业的好事，值得发扬。但如果是建立在无学或无知的前提下，那就未免太浪费精力和感情了。

其次是"沅湘"的含义，这里不应该是"沅水"和"湘江"的并列称呼，而是同"潇湘""资湘"并列的"沅湘"，指的就是注入洞庭湖的沅水了。因为纵观《湘君》《湘夫人》二诗，除了"令沅湘兮无波"一句，其他都未涉及今天的"湘江"，展示的也都是沅澧大地的风情物态。如果还硬要扯到今天的湘江，那未免"跑出"作家设计的舞台了。因此，前引专家所称"迎神巫者在湘江、洞庭四处寻找湘君"的理解，就难免有点走偏了"台"。

（三）兰江

兰江之称，实因《九歌·湘夫人》"沅有芷兮澧有兰"而起。"澧"既有"兰"，便用"兰"来代"澧"，因此兰江就是指澧水。自然界的"兰"，有花有木有草，品种繁多，形态万千，人们不一定都搞得清楚，但就一个意念中的"兰"字，她给人的感觉是婀娜多姿，幽雅芬芳，高贵不俗，富于诗意，这大概就是文化赋予她的内涵。

《明一统志》卷六十二称澧州："兰江前陈，仙洲外蔽""有屈原之遗风"。清《直隶澧州志》、民国《澧县县志》相沿所载澧州"城外八景"，都有"兰江绣水"一目：

兰江绣水，城东二里许。水至此，旋折如绣衣。范文正公尝游此。按九澧无名兰者，以《楚辞》"沅有芷兮澧有兰"，其浒多兰，后人遂名江也。更以《水经》有"其水如绣"之注，名绣水于此。

这里提到的"九澧"，是澧水和它的主要支流的总称，即溇、渫、茹、温、黄、道、涔、澹八条支流，加上主流澧，合称九澧。"九澧"中确实没有"兰"，"兰"只是"澧"的雅称，且多在古今文人诗文中见之。如明代官澧州华府教授的李充嗣在《兰江秀水》中写道："罗襦不借湘灵色，环佩宁添汉女香。荷茇犹闻供野服，骚谈清兴未能忘。""江兰不共《九歌》歇，澧水原为粉艳围。"《兰浦渔舟》诗："兰浦香涛接澧湘，渔舟数叶泛沧浪。"明代公安人袁中道在《澧游记》中写到游览澧水的情景："去余里梦溪一舍，为涔水，《楚辞》所谓'涔阳极浦'是也。……仙眠洲上有亭，即诗人李群玉水竹居。诗人诗思清逸而冶，真所谓居住沅湘，宗师屈宋，枫江兰渚，荡思摇情者也。……涉兰江，观于绣水，遂放舟往游彭山。江底有兰，居民常有见之者，《楚辞》所云'澧有兰'也。"

咏澧必及兰，颂兰必思屈：这几乎成为涉及涔澧流域古今诗文中展示屈原文化的共同思路。

三　澧州地方对屈原的祭祀和纪念

今天属于常德市的澧水流域，先秦时期曾经是楚国邻近郢都的腹地，楚风楚俗的特征尤其突出。往后数千年，屈原遗风不绝，人们对屈原的纪念不断，也是必然的。《明一统志》卷六十二引《澧州图经》称："州宅有彭阜耸其西，萧山列其东。兰江前陈，仙洲外蔽，所谓神仙窟宅也。"风俗朴拙，人性悍直，士尚行义。旧志称"士知义而好文，俗信巫而尚鬼"。又称："有楚遗俗。《澧阳志》：旧属楚，为黔中地，至今有楚遗俗。有屈原之遗风。"

（一）三闾大夫祠

清同治《直隶澧州志》卷十三《祀典志》称："三闾大夫祠，春秋二仲，搭棚江干，设位以祭。"同书卷十四《秩祀志》："三闾大夫祠，在溪东。"民国《澧县县志》卷三："三闾大夫祠，蜚云塔后。"

澧州人民祭祀屈原，有着久远的历史。只是因为时代久远、祠庙祭祀建筑代有兴废、记述文献散佚等原因，古代详情有些已经很难查找。但是我们通过文人墨客的偶尔吟咏，也还能想象古代澧州人民崇屈祭屈的情景。

唐代元和八年（813），到武陵上任担任朗州刺史的窦常（753—825），从湖北松滋方向过来的时候，经过了澧州，瞻仰了当时澧州的三闾庙，且留下了《谒三闾庙》诗："君非三谏寤，礼许一身逃。自树终天戚，何裨事主劳。众鱼应饵骨，多士尽餔糟。有客椒浆奠，文衰不继骚。"其中"有客椒浆奠"，说明作者只是匆匆过"客"，从此路过而已。诗中认为，君王昏聩，臣下冒死进谏也是枉然，鞠躬尽瘁也是无补。你以身殉国，人家朝官们还是醉生梦死。我今天设酒具牲来祭奠屈原的英灵，是感叹像您那样的骚体作品难有人继承了，实际上是说像屈原那样心系国事而"哀民生之多艰"的人没有了。诗歌明确表达了对先贤的敬仰和对当时现实的忧虑。

由此诗可以推断，唐代甚至更早时候，澧州的"三闾庙"肯定是有的，故《直隶澧州志》卷十三《祀典志》序言称："盖典祀，有常有暂，有祈有报，皆所以为民；而牺牲、玉帛、簠簋、豆笾，各有定品，太过不及，其失均也。……若屈大夫、孟姜女、思王、陆公诸祀，为境内依慕，久而不忘，司会亦并列有经费。"

（二）忠清祠

据《澧纪》卷九记载，忠清祠，原在澧州城东北二里的地方。祠悬"忠清"之匾，厅堂题为"独醒"。很显然，这是突出表彰屈原"忠诚廉正（忠清）"的品格和不苟流俗、独自清醒（独醒，即《渔父》"举世皆浊我独清，众人皆醉我独醒"）的精神。忠清祠为明嘉靖十三年（1534）知县汪倬建。并且，明确记载："祀楚三闾大夫屈原，以宋玉配。春、秋祀。"忠清祠竣工之后举行了祭祀典礼，当时的地方贤达李如圭写了一篇祭文。

文章回顾楚国趁"王政不纲"的天下动乱之机，在南方崛起。屈原忠心耿耿辅佐怀王，却遭到谗毁而被疏远。屈原被疏之后，楚怀王又在公子子兰等人的怂恿之下，听不进屈原的劝说，赴武关与秦王相会，结果被扣押而最终死在秦国。屈原把对怀王的一片忠心，或者说看到怀王上当受骗之后的一片惋惜之情，连同自己忠而被谤的怨愤，寄托在《离骚》诗篇之中。澧州大地，自古生长着散发幽香的兰草，自从屈原在诗中反复吟咏宣扬之后，千百年来为历代文人骚客所津津乐道。自从屈原投身汨罗江之后，楚地很多地方都修建了祭祀纪念他的祠庙，澧州却没有，这是一个遗憾。作者虽然生得比较晚，但是从小仰慕屈原的高风亮节，加上又遇到了志同道合的人，于是作者建一座忠清祠来纪念屈原的倡议得到了大家的响应。加上又有县令汪倬的主持，因此很快顺利完工。

祭文作者李如圭，据《中国历史大辞典·上卷》所载，为明湖广澧州（今湖南澧县）人，字国宝，号涔涯。弘治进士，授建昌知县，改安福，累迁至吏部右侍郎，擢监察御史。明武宗即位，阉宦刘瑾柄政，朝纲紊乱，李如圭不肯同流合污，称病回归澧州家乡。后来在嘉靖十九年（1540）提升为户部尚书，二十一年（1542）致仕归里。地方志中则称李如圭"学期用世，尝于书室大书'宏济艰难'四字。所至表彰先哲，激扬后学"。从李如圭所写的纪念屈原的祭文中，明显可见寄托了其自身仕宦坎坷经历的感慨。除了这篇托意显明的祭文之外，李如圭还有一首《忠清祠》诗："一读《离骚》一怆然，谁怜心事付青天。西山共许生前饿，《洪范》惟应死后传。忠过或疑非确论，清醒犹幸见遗编。新祠雅像兰江上，为想当年把佩捐。"吊屈怜己，托意深远。

明嘉靖年间（1522—1566），担任湖广巡抚的林大辂来到澧州视察，看到忠清祠的情景，也触景生情，写了一首题为《忠清祠》的诗："泽畔行吟思黯然，飞鸠鸣鸪暮云天。江潭何处臣心苦，关陇频年使节传。适海旌旗还旧泪，怀人兰芷自遗编。独怜汉水秦川月，不照三闾玉佩捐。"为何林大辂有同样的感慨？原来他也有和屈原"忠而遭贬"几乎同样的经历。

林大辂，字以乘，号二山。福建莆田人。正德九年（1514）进士，授工部主事。以谏南巡而被廷杖，下诏狱。尤其是他的妻子黄氏，留在邸舍，为其丈夫喊冤。他家的邻人卫尉修，同他家有宿怨，诬蔑黄妻诅咒朝廷，结果也一起被关进监狱。刑讯逼供的时候，惨毒已极，但他坚决不予承认。主审官吏极尽恐吓之能事，黄氏慷慨反驳，据理力争。最终没有处罚的事实依据，关了五个月后，得到释放。夫妇俩相互搀扶走出监狱的时候，人们夹道聚观，无不为之叹息落泪。接着林大辂被贬谪为夷陵（今宜昌）判官。嘉靖之后起用为故官，出为江西佥事，又以副都御史身份担任湖广巡抚。适逢严重水灾，抗疏引咎切责，被罢官归家。居家 27 年，以养亲赋诗自娱，留有《愧瘝集》16 卷。他是一位较为正直的官吏，其诗中有不少慷慨悲壮之辞。如他在澧州写的另一首诗《吊马伏波祠》称："野渡维江舸，荒祠荐涧芹。鱼龙喧永昼，日月照迷津。阻绝征蛮路，艰危报主身。只今嗟薏苡，临吊几伤神。"评论者认为其诗"锻炼而不伤自然"。

然而，这个专为纪念屈原而建的"忠清祠"，在清代以后的记载中却走了样。如清同治《直隶澧州志》卷十四《秩祀志·祠庙》："忠清祠，祀明礼部尚书四川内江县刘瑞，久废。"民国《澧县县志》卷三《祠庙》："忠清祠，祀明礼部尚书四川内江县刘瑞，久废。"为何会有此变化呢？且看《直隶澧州志》卷十六《人物志》："刘瑞，字五清，原籍四川内江，登弘治九年（1496）进士，官翰林学士。宸濠变，起同新建伯（王守仁）协剿有功。后因抗奏刘瑾受斥，贫不能还乡，依从母子李克嗣于澧。瑾败，起礼部尚书，寻卒于澧，谥文肃。后世宗览《禁垣奏议》，嘉之，特建忠清祠，配享范文正公，令子孙永奉祠祀。"看来，刘瑞的仕宦经历，和上述几位也有相似之处，都是属于忠而被疏被斥被贬的一类。

原来是当时皇帝的赐建，改变了原有祠祀的传统。这样，澧州历史上便有前后两个"忠清祠"，名同而内容不同，纯属巧合。不过，《清一统志》中有一条记载值得注意："三闾大夫祠，在澧州东北二里，祀楚屈原。"这"澧州东北二里"的方位和距离同"忠清祠"一致，是不是"忠清祠"的名分被后来者占用之后，人们便将原来纪念屈原的"忠清祠"改成了"三闾大夫祠"呢？这倒是完全可能的。

（三）三贤祠

三贤祠，原位于澧州蜚云塔下，是清嘉庆二十四年（1819）在澧州知州安佩莲的主持下，为纪念屈原、车胤和范仲淹这三位同澧州文化密切相关的先贤而建的。

清同治《直隶澧州志》卷十四《秩祀志》载："三贤祠，蜚云塔下。嘉庆己卯（1819），州牧安佩莲建修，奉三闾大夫、车武子、范文正公。"民国《澧县县志》承载。安佩莲是贵州贵定人，清嘉庆六年（1801）进士，以翰林院庶吉士的身份担任长沙知府，后来迁澧州知州。在澧州四年，地方志记载他主要办了四件大事：一是嘉庆二十三年（1818）修蜚云塔；二是嘉庆二十四年（1819）组织修造安多桥；三是"拿办南竹大盗，除盗安民"；四是主修《直隶澧州志》。可见，他是一位注重为民办实事而又特别重视文化建设的地方官员。安佩莲善诗文，尤其注重学习屈原廉正的品格，发扬屈原文学创作传统。他在《澧槎唱和诗集序》中称，"屈大夫行吟香草，千载下齿颊犹馨""澧兰沅芷，艳纪骚经，嘉卉奥区，更钟韵士"，特别强调了屈原所开创的诗歌传统。

（四）遇仙楼

澧州旧有遇仙楼，公安人袁中道在明万历三十七年（1609）新年正月初一日到这里游览，在《澧游记二》中便写道："依睥睨（城墙）行至遇仙楼，少憩，宋乾道中乔守逊遇吕仙于此，故为楼以识其事。楼跨城临水，望远近诸山如列髻可数。"在《珂雪斋外集》卷之二《游居柿录》中，他还作了日记："万历三十七年岁己酉正月初一日，舟次邑长安村四水口。是日立春，天清明，无纤翳。……午至澧州，游龙潭寺。寺即龙潭信道场，德山得法处也。前有焚经台，即周金刚焚《青龙疏抄》处也。憩遇仙楼，洞宾醉岳阳后飞过洞庭，正是此地。"

看来，此楼本为纪念到过澧州的仙人吕洞宾而建，同屈原没有直接关系，但是经过人们的演绎，后来却成为思念屈原而感发情思的媒介。撰于明代的《澧纪》卷之十二记载：（遇仙桥）"桥东有遇仙楼，俱在明月池东。楼为正德十五年（1520）知州安徽桐城人余珊创建。自为记曰：宋太守（乔）逊遇吕仙之所也。"同卷还载录明嘉靖三十二年（1553），由澧州知州江西安义人黄震昌所撰《遇仙楼续修记略》一则，其间特别突出地宣扬了屈原文化，让人深受启发。其文称：

　　尝披览郡乘，则见渚兰汀芷，有屈大夫之遗骚，而众人皆醉我独醒，则屈之所以为屈也。夫真醉在吕，独醒在屈。嗟夫！屈之意不欲俯仰以殉时，故独醒于众人之醉。吕则倦游尘海，委梦醉乡，又非世之假曲蘖以逃真者。比吕之醉而真、屈之醒而独，吾知其不可以仙凡今昔论也。故予之崇屈俎豆，将以警夫世之皆醉者，而葺吕摧楼，则世之如醉者，宁无有感于斯！

　　吕仙就是吕洞宾，传说中的仙人。相传他为唐代长安人，修道于终南山，曾经跨越洞庭湖，到过沅澧一带。关于他的传说，古代澧州、武陵的方志中多有收录。作者由仙人的沉醉保真，联想到屈原的众醉独醒，赞扬了屈原的高洁情怀及其警世作用。登遇仙楼，不要只感受吕仙之"醉"，更应关注屈原之"醒"，让屈原的精神鞭策自己，做一个廉洁正直、爱国忧民的人。这也是作者为文的深意。

先秦时期张家界市境内土家族人类历史探源

戴楚洲*

摘　要：张家界市民族历史源远流长。张家界市境内人类历史源头可追溯到数十万年前的旧石器时代。春秋战国时期，张家界市境内归入楚国版图，土著民族"濮族"进入封建社会。先秦时期，张家界市境内就有濮人、巴人、楚人等古代民族杂居。张家界市境内隶属楚国黔中郡，主体民族楚人与濮人、巴人等土著民族互相融合，创造了多元一体、辉煌灿烂的地域文化。根据马克思主义民族理论，结合张家界市土家族人的历史渊源、现实特点、民族识别实践进行系统研究，本文认为，张家界市土家族是以"濮人"为主体，在长期的人类历史发展过程中，逐渐融合巴人、楚人等其他古代民族而形成的共同体。

关键词：张家界市　土家族　濮人　巴人　楚人

马克思主义民族理论认为，民族是人类在原始社会末期伴随私有制、阶级和国家的出现而产生的。经过原始社会、奴隶社会、封建社会、资本主义社会和社会主义社会等几种社会形态变革，从古代民族发展成为现代民族。世界上大多数民族是多源的，各民族形成过程中或多或少融合了其他民族。中国各民族起源具有多元特点，中华民族多元一体。①

武陵山区土家族的族源问题是学术界研讨的难点，颜勇等提出的"多源说"认为，土家族是多源一体的少数民族，主要源头是濮人和巴人。② 先秦时期，张家界市境内就有濮人、巴人、楚人等古代民族杂居。根据马克思主义民族理论，张家界市土家族的历史渊源、现实特点、民族识别实践系统研究，我们认为"多源说"比较符合历史事实：在长期的人类历史发

---

　*　戴楚洲，张家界市委党史研究室（张家界市地方志编纂室）研究员。

　①　刘锷、何润：《民族理论和民族政策纲要》（修订本），中央民族大学出版社，2002。

　②　颜勇：《土家族族源新探》，载《土家族研究》（第一集），四川民族出版社，1993。

展过程中，张家界市土家族是以"土著濮人"为主体，逐渐融合巴人、楚人等其他古代民族而形成的共同体。

一　远古时代的原始人类遗迹

石器时代是考古学上人类历史的开端，在人类历史上属于原始社会时期，分为旧石器时代和新石器时代。张家界市境内人类历史源头可追溯到数十万年前旧石器时代。从近年来张家界市发现的石器时代遗址看，早在远古时代，市境内就有"原始人群"繁衍生息，人类历史非常悠久，"原始文化"底蕴深厚。

张家界市境内目前已经发现的旧石器时代文化遗存有 2 处。这些打制石器是利用石块打击而成的石核或者石片，形态粗糙，与旧石器时代远古人类渔猎和采集的经济形态相适应。1986 年，考古人员高中晓在慈利县零阳镇金台村二组砖瓦厂旧石器时代遗址发现砍砸器、尖状器、盘状器和石片等打制的旧石器 5 件，它们是母系氏族社会时期遗物，经中国社会科学院考古研究所研究员安志敏、北京大学教授吕遵锷和湖南省文物考古研究所研究员袁家荣等专家实地鉴定，属于旧石器时代早期遗址，距今约 20 万年。1986 年以来，金台旧石器时代遗址共采集到石刀、石斧、石片、石球和石锛等旧石器 100 多件。此外，慈利县零阳镇金台村旧石器时代晚期遗址出土砍砸器、刮削器、盘状器和尖状器等多件石器。1988 年，桑植县澧源镇朱家台村包子堡旧石器时代遗址出土砍砸器和石片等文物，经鉴定，3 件打制石器属于旧石器时代中期遗存，距今约 10 万年。澧水流域旧石器时代晚期遗址燕耳洞洞穴发现距今约 3 万年的"晚期智人"化石，有左腿股骨一段、下颌骨一块以及人类完整牙齿 3 颗，是湖南省首次发现的远古人类化石点，对研究武陵地区人类起源及其进化有重要价值。①

张家界市境内已经发现新石器时代遗址 20 多处，采集到石刀、石斧、石锛和石球等磨制石器。新石器时代距今约 10000 年，当时的磨制石器是先用石材琢成打制石器，然后在砺石上加工而成磨制石器，形态更加精细，这与新石器时代的农耕生活相适应。氏族人口增多以后，筑巢而居，定居

---

① 湖南省地方志编纂委员会编《湖南省志·文物志》，湖南出版社，1995，第 14 页。

聚落，制作陶器，栽培谷物。慈利县零阳镇太坪村北新石器时代早期遗址出土夹炭陶、夹砂红陶等陶片，器形有罐等。慈利县零阳镇零溪村三股凸新石器时代遗址出土石锛等磨制石器。慈利县苗市镇小沙村屋场田新石器时代遗址出土釜、豆的陶片和石斧，属距今约6500年的大溪文化。慈利县溪口镇坪坦村璞榔岗新石器时代遗址出土的罐、钵、杯等陶片和刮削器、尖状器、石斧，为距今约5000年的屈家岭文化遗物。慈利县金岩乡刘坪村新石器时代遗址出土磨制石斧4把。慈利县苗市镇洞湾村圆凹田新石器时代遗址出土罐、鼎、釜、钵等陶片，为距今约4500年的龙山文化遗址，是父系氏族公社遗物。据《湘西自治州文物志》记载，1980年7月，湘西自治州文物工作队考古专家对大庸县城"古人堤"遗址进行了发掘。遗址下层出土新石器时代晚期的磨光石锛一件，打击石片多件，并有泥制红陶、泥制灰陶、夹砂灰陶、印纹硬陶等陶片，器形有鼎、罐、碗、钵、豆、鬲等，属于原始社会晚期远古人类文化遗址。永定区大庸桥街道办事处且住岗村白鹤嘴新石器时代遗址出土石斧和石锛等磨制石器。永定区大庸桥街道办事处大庸桥村丁家峪新石器时代遗址出土石锛、石球和刮削器等磨制石器。1987年，桑植县澧源镇朱家台菜垎遗址出土石锛1件，出土的陶片10件为泥质黄陶、泥质红陶和泥质碳陶，器型有麻面鼎足、夹砂陶罐等。经湖南省文物考古研究所所长何介钧实地鉴定，为距今约4800年的新石器时代龙山文化遗址。1987年，桑植县澧源镇朱家台刘家村遗址河边二级台地出土鼎腹1件、石器4件，经鉴定，为距今约4800年的新石器时代龙山文化遗物。

远古时代，部落之间发生冲突，流传在张家界市境内的神话和传说反映了原始社会末期的历史，对研究今张家界地区的人类演化具有参考价值。传说炎帝神农氏的雨师赤松子在慈利二都辟谷以后，成为隐逸文化鼻祖。关于赤松子在慈利赤松山、赤松村留下的遗迹，明清地方志有明确记载。明代《大明一统志》卷62载："赤松山，在慈利县西一百六十五里，与天门山对峙。赤松子尝隐此，上下数十里号赤松村。"清嘉庆《慈利县志》卷6则说："赤松子，县东十里二都有赤松山。相传赤松子栖隐处，丹臼犹存。"同治年间成书的《直隶澧州志》卷16记载："赤松子，相传隐居赤松山，迄今犹有丹灶。"光绪《永定乡土志》卷3也载："赤松子丹灶，在天门山丹灶峰上。赤松子曾炼丹于此，炉灶犹存其上，又名赤松山。"

尧舜时期，土著"南蛮"聚居在今张家界市境内。《吕氏春秋·召类》中说："尧战于丹水之浦，以服南蛮；舜却苗民，更易其俗。"原始社会末期，中国境内氏族林立，今湖北丹江流域有从事农耕的骓兜氏族。唐尧年老，虞舜摄政以后，骓兜和丹朱等人不服，为消除不同政见者，虞舜把唐尧的老臣司徒骓兜流放到南方澧水流域的崇山，融合本地土著先民，演变成为崇山一带"苗蛮"。《尚书·舜典》中说，虞舜"放骓兜于崇山，窜三苗于三危"。《史记》又载："放骓兜于崇山，以变南蛮。"首领骓兜率领氏族成员从河南省丹水出发，跨长江、溯澧水，来到崇山一带定居。苗族史诗《傩巴傩玛》描述苗族首领率众迁徙情况："从澧州澧岘上来，从桃花溪桃花沟上来，从桃花园桃花峒上来……沿着长长的河水上走，顺着高高的大山上迁。穿过抬头望不见天的茫茫森林，冲过七拐八弯的激流险滩……"骓兜氏族迁到澧水流域以后，把崇山开垦成为第二故乡（苗语叫崇山为高戎霸凑）。骓兜死后，葬在崇山，他的后裔演变成为苗族一个支系"仡骓"。《山海经·大荒北经》载："颛顼生骓头，骓头（兜）生苗民。"这里所说苗民氏族出于骓兜，证明骓兜与苗民同族。

二　上古时期今张家界市境内民族历史源头

《史记》和《礼记》等历史文献均把长江流域以南地区的濮蛮、巴蛮、荆（楚）蛮和苗蛮等世居土著民族统称为"南蛮"，中国南方少数民族多由"南蛮"诸族演变而来。张家界市民族历史源远流长，夏商周三代，张家界市境内也为濮人、巴人、楚人等"南蛮"聚居之地。夏代，张家界属于《尚书·禹贡》所划"九州"中的荆州；商代，张家界属"南裔"所居边陲荒服之地。故明万历《慈利县志》卷 11 载："慈（利）于殷周为蛮、蜑所居。"东汉许慎《说文解字》释"蜑，南方夷也"。"蛮、蜑"为商周时期南方少数民族通称。西周时期，张家界市境内属于"百濮"部落。春秋战国时期，张家界正式归入楚国版图，土著民族"濮族"原始社会制度解体，直接进入封建社会。据《史记·楚世家》载，楚威王时，楚国设置"黔中郡"，因黔山（在今保靖县，后改为武神山）得名，辖境在今湖南省西北部和贵州省东北部。张家界隶属楚国地方行政机构"黔中郡"，主体民族楚人与濮人、巴人、"苗蛮"等土著民族互相融合，创造了多元一体、辉煌灿烂的地域文化。清人顾栋高《春秋大事表》一书把"南蛮"分为濮族、巴族、苗蛮、卢戎四个古代民族。

今张家界市境内已经发现200多处与远古时代土家族先民具有历史渊源关系的商周遗址。慈利县零阳镇太坪村长堤西周遗址出土罐和豆的陶片。慈利县岩泊渡镇星明村康家溪商代遗址出土泥质灰陶、泥质黑陶和夹砂红陶。慈利县甘堰土家族乡象鼻嘴商代遗址出土鼎和豆的陶片。慈利县溪口镇杜坪村樟树塔商周遗址出土罐、鼎和釜的陶片。慈利县杨柳铺乡茅屋台商代遗址出土鼎、罐和豆的陶片。慈利县江垭镇临江居委会商代遗址出土陶罐1个。永定区枫香岗乡青鱼潭村龚王庙商代遗址出土鬲腿1个,陶片若干。永定区大庸所乡武溪村溶洪台商周遗址出土鬲腿2个,陶片若干。永定区黄家铺乡周家坊村蚂蚁岗商周遗址出土鬲腿1个,陶豆2个。永定区关门岩乡禾家村老龙岗东周遗址出土鬲足、豆柄和陶钵口沿。桑植县澧源镇朱家台村庙湾商代遗址出土陶罐和陶釜的土著陶片。桑植县澧源镇朱家台村吴家塝商代遗址出土陶罐、陶缸和陶足的土著陶片。桑植县澧源镇高家坪村周代遗址出土罐等陶器。桑植县南岔乡兴旺塔村浸水洛商周遗址出土罐和鼎等陶器。桑植县凉水口镇姚儿坪村大塔坪周代遗址出土罐等陶器。

(一) 商周时期张家界市境内濮人源流

商周时期,世居在以汉水流域及其西南部澧水、沅水流域为中心区域的土著民族"濮人"创造出了以釜和鼎为代表的"濮文化"。甲骨文中有多处商王朝讨伐濮人的记载,濮人不堪商王朝的民族压迫,被迫向南迁徙,并与周人结盟。据《尚书·牧誓》载:公元前1046年,"濮人"等西南地区八个部落参加周武王伐纣灭商的"牧野之战",攻克商都朝歌。《逸周书·王会解第五十九》又载:"(周)成周之会……卜(濮)人以丹(朱)砂。"濮人向周王朝称臣纳贡,周、濮关系相对缓和。《史记·楚世家》载:"濮在楚西南。"汉孔安国也说:"庸、濮在江汉之南。"西周时期,江汉流域濮人支系繁多,发展成为西南地区"百濮",成为南方最大的部落。汉代扬雄在《蜀都赋》中写道:"东有巴賨,绵亘百濮。"濮人没有建立国家,社会组织是部落。清人王鸣盛在《尚书后案》中说:"湖南辰州实古濮人地。"近人吕思勉在《中国民族史》一书中说:"所谓黔中郡,疑亦濮族之地。"

这些看法也得到了当代学者的认可，黄尚明提出，湘西北的釜、鼎文化圈与古代文献记载的"百濮"地望相符，创造土著文化的民族实属上古"濮人"[①]。湖南省文物考古研究所研究员柴焕波认为："土家族是一个复合的民族，其底层土著居民可追溯到上古的濮人，中古的僚人，唐宋时期的仡佬人。"[②] 湖南省博物馆专家何介钧指出："少数（濮人）与进入湘西地区、居住在山区的巴人相融合，成为现在土家族的先民。"[③]

从发现的商周时代文物陶器看，张家界市土著先民的族属应为"濮人"。王宏提出，"皂市中层文化"为"濮文化"。[④] 1988 年，桑植县澧源镇朱家台村龚家坟山商代遗址发掘出土著先民建筑基址，出土釜、缸、鬲、豆和夹砂卷沿平底罐等陶器。泥质陶罐腹部刻有蚕纹一周，以水波纹、弦纹饰于平底陶罐的颈腹之间，在国内实属罕见。该遗址是以陶罐、陶釜、陶豆、陶鼎和矮粗颈壶为代表的濮人文化遗存，是未受中原地区和澧水下游商周文化影响而独立发展的土著民族文化，出土的陶器以夹砂褐陶为主，间有少量红陶、黑陶，器形以平底罐为主，其次是釜、豆残片。柴焕波在其《湘西古文化钩沉》一书中明确指出："朱家台文化的族属是濮人。"[⑤]

慈利县江垭镇柳枝坪遗址发现商代土著濮人文化遗址出土罐和钵等陶器。慈利县象市镇大田商代土著濮人文化遗址出土鼎和盆等陶器。慈利县零阳镇北岗村商代遗址出土釜、罐和盆等陶器。

"濮人"是澧水流域最早出现在历史文献中的土著先民，是土家族的最早源头，对今张家界市土家族产生的影响较大。《辞海》在解释"濮"字时说："濮，我国古代西南地区民族名。殷周时代分布于江、汉以南。春秋以后渐散于今湖南省西北部澧、沅二水流域。"公元前 822 年，楚国国君熊霜去世后，他的三个弟弟争夺王位，此即《史记·楚世家》所记载的："三弟争立。仲雪死，叔（熊）堪亡，避难于濮；而少弟季徇立，是为熊徇。"熊堪向南越江逃难，奔于湘西北之濮地而从蛮俗，证明西周晚期濮地尚未成

① 黄尚明：《从考古学看先秦时期濮人的迁徙》，《华中师范大学学报》（人文社会科学版）2008 年第 1 期。
② 柴焕波：《武陵山区古代文化概论》，岳麓书社，2004，第 5 页。
③ 何介钧：《从考古发现看先秦湖南境内的民族分布》，《求索》1983 年第 4 期。
④ 王宏：《论长江中游地区夏商周时期的文化与文化变迁》，载《考古学研究（五）：庆祝邹衡先生七十五寿辰暨从事考古研究五十年论文集》，科学出版社，2003。
⑤ 柴焕波：《湘西古文化钩沉》，岳麓书社，2007，第 85 页。

为楚国版图，故能保护楚王室流亡者。春秋时期，楚国国君多次率领将士征伐澧水流域，遭到土著"濮人"反抗。历史文献记载，春秋初期，楚国国王最早向南开拓濮地，即楚君蚡冒讨伐濮族，故《国语》载："楚蚡冒于是乎始启濮。"公元前704年，楚武王熊通率兵占据沅水和澧水两岸濮地，即《史记·楚世家》载："（楚武王）三十七年……始开濮地而有之。"又据《左传·昭公》记载，公元前523年，"楚子为舟师以伐濮"。楚平王派遣将士溯沅水和澧水席卷濮人所居之地。

春秋晚期，楚人聚居在沅水、澧水的中下游。此时被迫迁入武陵山区腹地的濮人仍然保持本民族特征，留下包含濮文化因素的文化遗存。战国时期，澧水流域濮人与巴人融合以后，经过百年变迁，逐渐演变成为秦汉时期土家先民"武陵蛮"的一部分。徐中舒先生在《巴蜀文化续论》一文中提出了土家族族源的"濮人说"[1]。何介钧认为："先秦时期在湖南地区居住和活动的主要有越、楚和濮三个大的族群，另外还有巴……湘西和沅水中上游在楚人主以前，应与我国西南的大部分地方属同一文化区，其民族属于同一个大的族群，这个族群就是百濮。"[2] 国家民委组织编写的《土家族简史》一书，吸纳了这些观点。

出土文物也表明，濮文化具有鲜明的地方特色。宽格青铜剑和豆、壶等陶器同出是战国时期濮人墓的标志。1981年，慈利县官地黄牛岗战国墓出土的无首扁茎宽格铜剑，与保靖县四方城战国墓出土的8件宽格铜剑相似，均为土著"濮人"铸造的兵器。2001年，张家界城区菜籽湾战国早期墓12号竖穴土坑墓出土宽格扁茎铜剑、铜带钩、铜饰件等濮人铜器和陶壶、陶钵、陶豆等陶器，为战国早期濮人墓葬器物。何介钧认为，具有独特纹饰的宽格扁茎铜剑，"有可能是居留在这一地区的濮人的创造"。这种与宽格扁茎铜剑同出的器物组合少见，为濮人墓葬遗存。12号墓别具一格的墓葬形制以及器物组合，为判定濮人遗存的标尺，是湘西北发现的唯一战国早期濮人墓葬。此外，永定区大桥且住岗居委会野猫沟战国时期濮人墓葬出土的宽格扁茎铜剑刻有铭文12字，为全国罕见。古代濮人文化对土家族文化产生了重要影响，今天的土家族文化中含有濮人文化因子。比如古代

① 徐中舒：《巴蜀文化续论》，《四川大学学报》（社会科学版）1960年第1期。
② 何介钧：《从考古发现看先秦湖南境内的民族分布》，《求索》1983年第4期。

濮人民居为"干栏"房，今澧水流域不少土家族转角楼建筑即受其影响。

（二）春秋战国时期今张家界市境内巴人的流徙

巴人起源于武落钟离山（在今湖北省长阳土家族自治县）。《世本》中说："巴郡南郡蛮本有五姓：巴氏、樊氏、瞫氏、相氏、郑氏，皆出于五落钟离山。其山有赤、黑二穴，巴氏之子生于赤穴，四姓之子皆生黑穴。"①夏初，巴人西迁。《华阳国志》载："（禹）会诸侯于会稽，执玉帛者万国，巴、蜀往焉。"殷墟甲骨文中也有关于"巴方"的记载。商代后期，商王武丁率兵征伐巴方，巴人定都于枳（今重庆市涪陵区）后，部分巴人发展成为善于射杀白虎的"板楯蛮"。公元前 11 世纪，巴人参加武王伐纣战争。此即《华阳国志》载"周武王伐纣，实得巴、蜀之师"。《左传》中也有"武王克商，巴、濮、楚、邓，吾（周）南土也"的说法。周武王灭商后，封其宗族姬姓于巴地，建立奴隶制巴子国。巴族支系众多，"武王既克殷，以其宗姬封于巴……其属有濮、賨、苴、共、奴、獽、夷蜑之蛮"②。

春秋初期至战国中期，巴人溯清江，沿溇水、澧水进入澧水流域繁衍生息。其间，巴人讨伐楚国，围鄾城（今湖北襄阳），后楚国反攻得胜。战国中期，巴国南抵楚国黔中郡。公元前 316 年，秦惠文王遣司马错灭巴国，设置"巴郡"，进入澧水流域的巴人增多。唐颜师古注《汉书》："黔中，即今黔州是其地，本巴人（地）也。"《三国志》载："武陵蛮夷反乱，攻守城邑，乃以（黄）盖领太守……自春讫夏，寇乱尽平，诸幽邃巴、醴、由、诞（蜑）邑侯君长皆改操易节，奉礼请见，郡境遂清。"③唐代杜佑在《通典》中把"板楯蛮"特征归纳为三点：一是"杀人者得以赎钱赎死"，二是"巴人呼赋为賨"，三是"巴渝舞"。宋代乐史在《太平寰宇记》中把澧水流域土家先民称为"板楯蛮"，并且突出巴人后裔田姓土家先民活动，如"板楯蛮……宋元嘉中，天门溇中令（在今慈利县三官寺土家族乡）宋矫之徭役过重，民不堪命，蛮酋田向求等为寇，破溇中"④。可见，《通典》和《太平寰宇记》都把巴人分为"廪君蛮"和"板楯蛮"两大支系，把土家

---

① 张澍辑，刘向撰《世本》卷 3。
② 常璩：《华阳国志》卷 1《巴志》。
③ 陈寿：《三国志》卷 55《吴书》。
④ 乐史：《太平寰宇记》卷 76。

地区北部巴人称为"廪君蛮",把土家地区南部巴人称为"板楯蛮"。中南民族大学教授彭英明在《试论湘鄂西土家族"同源异支"——廪君蛮的起源及其发展述略》一文中指出：鄂西南土家族是巴人"廪君蛮"后裔，湘西北土家族来源于巴人"板楯蛮"。"賨"是秦汉时期湘西北、渝东南少数民族交纳的赋税名称，交的钱币叫賨钱，交的布匹叫賨布，巴人因称赋为賨而被称为"賨人"。又因打仗时以木板作"盾"而又被称为"板楯蛮"。唐代《通典》说："巴人呼赋为賨，谓之賨人焉，代号为板楯蛮夷。"① 两汉时期，澧水流域土家先民交纳賨布，如明《隆庆岳州府志》卷 11 载："汉，零阳县（今慈利县），岁输賨布，大人一匹，小口二丈。"

宋代以来，今张家界市境内出土巴人制造和使用的乐器錞于 10 多件和柳叶形短铜剑、虎纹铜戈、铜钲和铜铎等铜器多件。宋代史学家洪迈在《容斋续笔》中曾说："淳熙十四年（1187），澧州慈利县周赧王墓旁五里山摧，盖古冢也。其中藏器物甚多。予甥余玠宰是邑，得一錞。"② 清代《永定县志》记载永定县城观音桥聂氏、王氏以及楚氏家藏有虎钮錞于。1986 年，永定区枫香岗出土一枚虎纹铜印，铜印界栏之内有一虎形图像，虎头顶部有一篆体"王"字。2003 年，慈利县零阳镇石板村樟树凸 M69 号墓出土战国时期巴式扁茎铜剑 1 件。桑植县出土虎钮錞于 3 件和巴人柳叶形短铜剑 1 件。

现今张家界市土家族人的摆手舞、虎图腾以及重祠祀等风俗都与巴人支系"板楯蛮"有承袭关系。土家族人认为祖先是"打虎匠"，视白虎为"恶神"，认为"白虎当堂坐，无灾必有祸"。因而在过赶年时，门前挂灯以示驱赶"白虎"。这些民俗都与古代巴人有关，可见，古代的巴人是湘西北土家族的主要先民。新中国成立后，国家开展了民族识别工作。潘光旦教授在《湘西北的"土家"与古代的巴人》中提出"巴人说"，中共中央统战部于 1957 年 1 月 3 日发出统发电 570 号电文《关于确定"土家族"民族成分问题》，正式认定"土家族"为单一的少数民族。国家民委下发民政字［1982］第 240 号文件——《湘鄂川黔四省边境邻近地区部分群众恢复土家族成份工作座谈会纪要》后，张家界市各县党政领导参照土家族历史、民

---

① 杜佑：《通典》卷 187。
② 洪迈：《容斋续笔》卷 11。

族特征和民族意识，推介了一大批民族研究成果，恢复了一百多万人的土家族成分。

（三）"南楚文化" 钩沉

"楚人" 发祥于鄂西北荆山（在今湖北省南漳县、保康县等地）。"荆楚" 始见于商代，甲骨卜辞可见 "帚楚" 二字。《诗经·商颂》云："维汝荆楚，居国南乡。"商代后期，武丁征伐居住在漳水流域的 "荆楚" 部落，《诗经·商颂》载："挞彼殷武，奋伐荆楚；罙入其阻，裒荆之旅。"到了商、周之际，处于荆山一带的 "荆楚" 部落发展成比较强大的地方势力。

商代晚期，祝融后裔从中原地区向南迁到豫西南的丹水流域。楚史研究专家张正明在其专著《楚史》中说，楚人信史时代是从鬻熊开始的。商末，鬻熊归附周文王，辅佐灭商大业，成为周文王之师。鬻熊肇业以后，其子孙居住在豫西南淅川县丹江之阳，后以鬻熊之字 "熊" 为姓，此乃熊姓由来。鬻熊之子熊丽继任酋长后，率部避难于湖北省南漳县西北部的睢山。

西周初，周武王封熊丽之孙熊绎于 "荆楚" 之地，为楚国首任君主。初建都城于丹阳（今湖北秭归），"楚" 乃成为封国之号，并为族名。[①] 由于楚国兵微将寡，国弱民贫，熊绎乃以丹阳为立足点，带领楚人开辟封地荆山，即如《史记·楚世家》所载："昔我先王熊绎辟在荆山；荜露蓝蒌，以处草莽；跋涉山林，以事天子。"虽然楚君向周王室进贡 "桃弧、棘矢"，但仍被周天子视为 "蛮夷"，因而不能参加中原岐阳诸侯盟会，《史记·楚世家》曾载："楚曰，我蛮夷也。"西周初期，昭王南征楚国，在汉水丧失六师。

春秋初期，楚国控制长江中游，东周平王三十一年（前 740），熊通自称 "楚武王"，设置权县，派遣县尹治理。公元前 704 年，楚国征服随国。公元前 689 年，楚文王熊赀由丹阳迁都至郢郢（今湖北宜城南部）。公元前 632 年，城濮之战爆发以后，楚军退出中原。公元前 606 年，楚庄王亲率大军问鼎中原之后，并吞江汉之间土地。公元前 505 年，楚昭王迁都至栽郢（即今湖北荆州纪南城遗址）。楚人走出荆山以后，在长江中游发展成为南

---

① 司马迁：《史记》卷 40《楚世家》。

方唯一的诸侯大国，并创造了"荆楚文化"。

春秋早期，楚军将士越过长江进入澧水流域，设置军事据点，首次把澧水流域纳为楚国领土，归入楚国版图。此后，楚人逐步融合土著民族濮人，"南楚文化"逐渐成为澧水流域多元文化的主流。战国初期，楚悼王任吴起为令尹，实行变法，开拓南方土地。战国中期，楚威王始在武陵地区首置"黔中郡"，纳入封建国家行政管理体系，加强对本地土著先民的统治。楚国黔中郡之名始见于《战国策·楚策一》：苏秦对楚威王说，"楚地西有黔中、巫郡"。《史记·秦本纪第五》亦载：秦孝公元年（前361），"楚自汉中，南有巴（枳县）、黔中"。

战国晚期，秦国多次进攻楚国黔中郡。秦昭王二十七年（前280），秦国将领司马错发陇西兵，因蜀从枳县溯涪陵江攻楚国黔中郡西部，但是不久被楚国收复。据《史记·秦本纪第五》载，公元前277年，秦国蜀郡太守张若再次率兵征伐楚国五溪地区以后，把楚国的原巫郡、黔中郡以及江南合并成为秦国的黔中郡，但在次年又被楚国收复失地十五邑。今张家界市永定区出土的铜戈秦篆铭文"蜀守若"和秦式铜器证明秦军曾攻入澧水流域。直到战国末年，秦国才占据黔中郡全部地域。秦国黔中郡辖境较楚国黔中郡为大，含今湖南沅水流域、澧水流域，湖北清江流域、重庆黔江流域、贵州锦江流域。唐代《元和郡县图志·江南道六》卷31记载："秦黔中故郡城在（沅陵）县西二十里。"唐代《括地志》云："黔中故城在辰州沅陵县西二十里。"史学研究专家认定秦黔中郡郡治遗址在今沅陵县太常乡窑头村窑头古城。据考古发现，2002年，窑头战国古城相继出土罐、壶、钵和鼎等陶器和秦砖汉瓦。公元前221年，秦始皇统一六国以后，设置三十六郡。其中，黔中郡辖迁陵县、慈姑县和临沅县等县。

楚国迁建郢都之后，澧水流域遂成为楚国"京畿"地区。春秋晚期，楚国将士为了防御西边秦军，保卫楚国领土，在澧水流域修筑城墙，建立军事城堡，现已发现的有今慈利县白公城等古城址。白公城因春秋末年白公家族所筑而得名。据明《弘治岳州府志》卷10《慈利县》记载："白公城在县东五里，四面有门。相传楚白公胜所筑。"清《嘉庆慈利县志》卷2载："白公城，在县治东二里零溪旁……白公善筑。"白公家族居澧水流域，楚国将军白公胜之族兄白公善家居澧阳（今澧县）。楚国右军将领白公善遵循楚昭王旨意，部曲所到之处，只求土著臣服，筑城守之，故有白公城。

可见，今湖南省境内有史料明确记载的最早城邑"白公城"建城史已达 2500 多年。白公城古城址出土的石器、陶器、铁器、青铜器和漆木器是楚国附近"巴蜀文化"遗留，印证春秋战国时期巴人、楚人杂居在白公城的历史。

春秋战国时期，今张家界市境属楚国。近年来，张家界市出土许多春秋战国时期楚式鬲、长颈壶和铜镜等具有楚南文化特色的楚人文物，证明春秋战国时期澧水流域隶属楚国。1978 年，慈利县戴家岗春秋战国遗址出土楚人文物鬲、罐、豆、盆、缸、瓮、甑、筒瓦、板瓦等陶器和斧、凿等石器。1981 年，慈利县城官地黄牛岗 6 座战国早期楚墓出土青铜器鼎、剑、戈、矛、戟、铎、勺和陶器钵、壶、罐、鼎、盘、豆、勺等。1987 年，慈利县城关镇石板村、零溪村 36 座战国中期楚墓出土铜器、陶器和漆木器 300 多件。其中，铜戈、铜钺、铜镜和木镇墓兽虎均属湖南罕见，同时出土的还有楚简 1000 多枚，共计 2 万多字，是我国目前发现的时代最早、数量最多的楚简。

春秋时期，大量楚人向南迁移，澧水流域出现濮人、巴人、楚人和苗人等族群文化融合的局面。战国时期，楚国诗人屈原游历沅澧流域以后，写下《九歌》、《九章》和《离骚》等诗篇。《九歌·湘君》中有云："望涔阳（在今澧县）兮极浦，横大江兮扬灵……捐余玦兮江中，遗余佩兮澧浦（澧水岸边）。"《九歌·湘夫人》中又云："沅有芷兮澧有兰，思公子兮未敢言……捐余袂兮江中，遗余褋兮澧浦。""湘君""湘夫人""大司命""少司命"等神是当时"南蛮"所奉祀的神。春秋战国时期，澧水流域曾是邻近楚国郢都的腹地，楚文化特征突出。战国晚期，楚国辞赋家、屈原弟子宋玉隐居澧水之流道水河畔，修筑宋玉城（在今临澧县望城乡宋玉村），教人读书，看花放舟。中国文学之祖"屈宋"之后两千多年来，楚人风俗一直不绝。《大明一统志》卷 62 记载："澧阳（州）志，旧属楚，为黔中地。至今有楚遗俗，有屈原之遗风。"清代《道光永定县志》卷七亦载："楚南凤号多材，澧浦代生哲士。永邑虽属边陲，而屈骚宋赋，不辍披吟；车渚范台，实相景仰。"《民国慈利县志》卷 19 描述了屈原对武陵文化的影响："屈原遁楚澧浦、涔阳，擅名骚雅，搴兰写怨。厥体芬芳，顾承学撰述千年莫闻。"

邢敏建提出了"楚人为土家先民一部分"的新观点。秦灭楚后，张家界市境内少数楚人后裔演变成为土家先民。"南楚文化"对土家文化产生深远影响，土家族人聚居的澧水流域因为交通闭塞，仍然盛行"南楚文化"遗风，"南楚文化"因子仍然保留在土家文化之中。楚国盛行民间巫舞，东汉王逸在《楚辞章句·九歌序》中说："楚国南郢之邑，沅湘之间，其俗信鬼而好祠，其祠必作歌乐鼓舞，以乐诸神。"宗教舞蹈巫舞在楚国长盛不衰，屈原的《九歌》等篇生动地反映了巫舞的各个方面。《楚辞》有关篇章与土家文化有许多联系，也对土家戏剧茅古斯的衣食和农事有所描写。屈原的《九歌》写道："洞庭波兮木叶下。"土家族《梯玛歌》也有《颂洞庭侯主太》等歌词。张家界市土家族人办丧事时还唱屈原的《国殇》，演傩愿戏时又唱屈原《九歌·少司命》中的诗句："悲莫悲兮生别离，乐莫乐兮新相知。"楚人崇凤，土家族人在堂屋神龛上插雉鸡尾就是崇凤图腾的遗俗。

"儒吏"潘宗洛对清初湖南文化发展的贡献

张明涓[*]

摘　要： 先后担任湖广学政和偏沅巡抚的官员潘宗洛，在清初湖南学术文化的发展历史上具有重要影响。任职湖南期间，他以敏锐的文化意识，推崇湘籍先贤王夫之等人，同时又奖励士子，努力推动湖广分闱，培植湖南人才，促进苗疆文教建设。清中期之后湖南出现的人才"井喷"现象，与潘宗洛的"筚路蓝缕"之功密不可分。作为与寻常"能吏""循吏"不同的"儒吏"，潘宗洛对清初湖南文化的贡献常为后人忽视，对此应重新评价和估计。

关键词： 潘宗洛　清初　湖南文化　儒吏

　　潘宗洛（1657～1715），字书原，号巢云，别号垠谷，江苏宜兴人。康熙二十七年戊辰（1688）科进士。历任翰林院检讨，值南书房。康熙四十一年（1702）十二月任湖广学政，五十年（1711）正月任偏沅巡抚①，五十二年（1713）九月因事革职。五十四年（1715）因病告归，同年冬卒于家。著有《潘中丞集》四卷，乾隆二十二年（1757）刻本，清中叶编辑《四库全书》，此书被列入《四库全书总目》"存目类"。今收入齐鲁书社出版之《四库全书存目丛书》中。

　　对于潘宗洛的治湘政绩，康熙皇帝曾有"才干平常""行事多糊涂"的评语。值得注意的是，他的行政才干虽不为帝王所喜，但在文化意识上他却有着敏锐的洞察能力，与寻常的"能吏""循吏"不同，可称为"儒吏"。潘宗洛任职湖广学政、偏沅巡抚的时间虽不长，却采取了一系列措施

＊　张明涓，湖南图书馆古籍部馆员。

①　明万历二十七年（1599），为加强对湘、黔两省少数民族区域统治，明政府设立偏沅巡抚，治沅州（今湖南芷江）。清朝初期，湖南、湖北沿例同属湖广行省，治武昌。康熙三年（1664），分湖广右布政使驻长沙，为湖南建省之始。同年移偏沅巡抚驻长沙。雍正二年（1724）改偏沅巡抚为湖南巡抚。

推动湖南本土文化的发展，为湖南文化在清代中后期的爆发积蓄了力量。

潘宗洛对湖湘文化的建设之功，已为当今学界所注意。当代湖南省学术界所编纂的关于地方历史、地方文化、地方人物的标志性著作，如《湖南省志》《湖南名人志》《湖南通鉴》《历代寓湘人物传略》等著作中，都列有关于潘宗洛的章节。湖南师范大学张晶萍教授在其专著《近代"湘学观"的形成与嬗变研究》中，也专门列有"潘宗洛对王船山的叙述"一目，对潘宗洛推崇王船山之功进行表彰。著名文化学者夏剑钦先生则将潘宗洛列入"开创和传承船山学的第一代学人"行列。①

潘宗洛任职湖南时，湖南尚是僻处南疆的文化边缘地区，由于湖广乡试尚未实行南北分闱，湖南士子乡试中举名额极少，因而人才寥落，文化在全国处于落后地位。潘宗洛采取了一系列措施，推崇湖南先贤王夫之等人，奖励士子，努力推动南北分闱，培植湖南人才，促进苗疆建设。这些措施起到了积极作用，清中期之后，湖南人才出现"井喷"现象，对此，潘宗洛有"筚路蓝缕"之功。

一　推崇湖南先贤王夫之、喻国人

王夫之是明末清初学问、道德与顾炎武、黄宗羲并称的人物，除南明时曾短暂出仕外，终其一生皆隐居著书，这也使得清朝初年其名誉不出湖湘间。康熙四十二年（1703），王夫之次子王敔由于储大文的介绍进入时任湖广学政潘宗洛的幕府。通过王敔，潘宗洛得知了王夫之的生平事迹，阅读船山著作之后，潘宗洛亲自撰写了一篇热情洋溢的《船山先生传》。文中称王夫之"故明之遗臣，我朝之逸民也"，对其不事张献忠、吴三桂的大节予以表彰，对其出仕南明则称"顾念累朝养士之恩，痛悯宗社覆亡之祸，诚知时势已去，独慨然出而图之，奋不顾身，其志可悲也已"，并大肆渲染南明政权内部腐败，"先生知势愈不可为，遂决计林泉矣。……最后归游石船山，以其地瘠而僻，遂自岳阴迁焉"，将其隐居原因归结为"地瘠而僻"，以淡化其抗清色彩。文章对王夫之的著作进行了重点介绍，其云"筑土室，名曰观生居。晨夕著书，萧然自得。作《读四书大全说》《周易内传》《外

---

① 夏剑钦：《开创和传承船山学的第一代学人》，《船山学刊》2019年第4期。

传》《大象解》《诗广传》《尚书引义》《春秋世论》《家说》《续左氏传续博议》《礼记章句》，并诸经稗疏各若干卷，又作《读通鉴论》三十卷、《宋论》十五卷，以上下古今兴亡得失之故，制作轻重倚伏之原。又谓张子之学切实高明，作《正蒙释义》《思问录》内外篇，互相发明，以阐天人性命之旨，别理学真伪之微。又以文章莫妙于《南华》，词赋莫高于屈宋，故于《庄》《骚》尤流连往复，作《庄子解》《庄子通》《楚词通释》。又著《搔首问》《俟解》《噩梦》各种，及自定诗集、评选古今诗、《夕堂永日绪论》，注释《老子》《吕览》《淮南》各若干卷。自明统绝祀，先生著书凡四十年而终"，并称"余不及见先生，慕先生之高节，欲尽读其书"。①

潘宗洛的《船山先生传》是第一篇由官方人士撰写的王夫之传记，它奠定了官方对王夫之评价的基础，同时也为王夫之著作得以于乾隆年间收入《四库全书》，及传记于嘉庆年间收入国史馆《儒林传》铺平了道路。《清史稿》在《王夫之传》的结尾有一段评述，将王夫之与顾炎武、黄宗羲等人进行比较，认为顾、黄等人在清初声名卓著，"公卿交口，天子动容，其著述易行于世"，唯有王夫之窜身瑶峒，坚持做明朝的遗民，不为人所知，"后四十年，其子敔抱遗书上之督学宜兴潘宗洛，因缘得入四库，上史馆，立传儒林"。② 在当时政局虽稳而形势不明的情形下，为一位有着抗清背景的人士作正面肯定、推崇文字，潘宗洛此举可谓难能可贵。其后担任湖广学政的几位官员，如董思凝、李周望、缪元等也皆为船山著作作序，究其原因，潘宗洛的开创之功，功不可没。

除了撰文表彰王夫之学行，潘宗洛还曾于康熙四十四年（1705）为邗江王氏族谱作序，谈及王夫之家族：

> 余为船山先生立传贻史馆，以稿授其嗣王生虎止。生更以家谱请叙余。……王氏之先世，勋庸也。船山先生与其兄石崖先生、叔稽先生，以孝友志节并著一时，而船山之著述等身，湘岳之逸也，真砥柱一代之伟人矣。余王事羁身，尚有志于尽读船山之书。虎止告余以先人随授其稿于故人门生，散而未聚。余得见者，《正蒙》《楚辞》两注

---

① 《船山全书》第 16 册，岳麓书社，2011。
② 赵尔巽：《清史稿》卷 480《王夫之传》，中华书局，1977。

及《思问录》内外篇，把玩不能释手。王氏之子孙有贤者出，其珍重先人之书当何如耶？虎止不以未售于场屋为恨，而以不能传先人之著作为忧。余揖而送之曰：子归矣，率子弟以读经史及诸子百家之书，皆子之先人所论定也。其于家声世教，岂曰小补之哉。①

除王夫之外，潘宗洛还特推崇另一位湖南明朝遗老——郴州喻国人。喻国人，字大受，小字鹿寿，号春山，湖南郴州人，崇祯十五年（1642）举人。明亡后不仕，隐居乡山凡三十年，博览群籍，专心学问，设同仁书院，从学者甚众。曾因吴三桂之乱避居北京，乱后返回郴州，仍以授徒为生。喻国人学识广博，经学尤精，解疑纠谬，疏通证明，多有新解，年八十犹精进不倦。著述三十余种，生前刊刻二十余种。卒后，潘宗洛亲赴郴州搜集遗稿，辑成《喻春山文集》，并作序言称：

> 春山先生明季举于乡，旋值革命，绝意仕进，隐居三十年，著书立言，以授其门人，殚精覃思，至老不懈。②

清乾隆间纂修《四库全书》，王夫之有四种著作被全文收录，另有二种著作列入存目，喻国人则有六种著作列入存目。王夫之、喻国人之所以能走出湖南，潘宗洛的发掘、推崇之功不可没。

二 促进湖广乡试南北分闱

尽管康熙初，湖南、湖北已实际上成为两个省，但二省乡试合并于武昌进行，中举名额也未分开。由于乡试时间一般为八月，正是洞庭水涨浪激之际，故湖南考生需跋涉洞庭湖赴考，往往因风浪受阻而延误考期，甚至有舟覆人亡者。湖南士子能至武昌入考场者仅十之二三，中举人数亦不及湖北的四分之一。历任湖南巡抚如赵申乔、潘宗洛、李发甲等都纷纷上疏，请求南北两省或分卷，以保证湖南士子的录取名额；或分闱，湖南乡

---

① 《（衡阳）邗江王氏五修族谱》卷首，1917 年木活字本。
② 光绪《湖南通志·艺文志》，清光绪十一年刻本。

试自行举行。

康熙五十一年（1712），时任偏沅巡抚潘宗洛所上《题请长沙分闱乡试疏》称：

> 臣前任学政时，查得湖北府县卫学七十有七，每考额取新生九百一十四名；湖南府州县卫学七十有七，每考额取新生九百九十五名。总计湖南进学额数较湖北更多，湖南能文之士较湖北相等，只因中隔洞庭，致有南北之分。每遇乡试之时，正值秋水汪洋之候，贫士拮据资斧，行至湖滨，一遇风涛险阻，守候误期，有志之士或至痛哭而返。甚有科场期迫，念切功名，扬帆冒险，瞬息而遭覆溺者，往往有之。以致多士畏虑，裹足不前。其能至武昌而入场者，十无二三，每科中式举人，不及湖北四分之一。诸生成以此情向臣泣诉，求为题请分闱分额。①

潘宗洛的上疏，所议"俱经部驳，未蒙俞允"。直至雍正元年（1723），南北分闱始奉旨俞允，建贡院于省城长沙。以雍正二年甲辰补行癸卯正科，湖南分中举人四十九名，副榜九名。对于南北分闱的重要意义，民国时期的学者杨昌济曾有言曰："以前科举时代，南北合闱，湖南士子，惮泛重湖，赴试者少，获隽亦难。有一年仅有一人中试，当时巡抚特加宠异，赠以'一鹗横秋'之匾。风气闭塞，人才寥落，可想而知。及南北分闱，湘省士风，云兴雷奋，咸、同以还，人才辈出，为各省所难能，古来所未有。此分闱之效也。"②

南北分闱之议，前后持续了十八年，虽未成于潘宗洛，但其倡议、促进之功也绝不可泯没。刘绪义在《清代两湖分闱：十八年坚持换来湖南人文鼎盛》一文中曾对此有总结性的概述："前后历时 18 年，四位巡抚、学官前后相继，始终不渝，终于获得刚即位的雍正首肯。赵申乔、潘宗洛、李发甲、吕谦恒等四人值得后世湖南人铭记。因此，光绪四年（1878），湖

---

① 《潘中丞文集》卷 1，《四库全书存目丛书》集部第 257 册，齐鲁书社，1997。
② 杨昌济著，王兴国编《杨昌济文集·论湖南创设省立大学之必要》，湖南教育出版社，1983。

南增修贡院，并专门修建五贤祠，祭祀赵申乔、潘宗洛、李发甲、吕谦恒、宋致五位有功于分闱者。光绪八年（1882）五贤祠修竣，著名学者、湘军元老、晚清外交家郭嵩焘作《五贤祠碑记》纪之：'非有以表章而崇祀之，则又乌知百余年科名之盛，人才之奋起，所以成就之若是之艰难也。'"①

三 培植湖南人才，推动汉苗一体

潘宗洛任湖广学政、偏沅巡抚期间，对湖南士子的发掘及培植可谓不遗余力。除将王敔纳入幕府外，其余经潘宗洛扶植、培育的湖南人才尚有下列诸人。

尹士玫，字如攻，号怀园，湘潭人，康熙时县学附生。三十未知名，潘宗洛得其卷，拔置第一，名遂大著。

邓可策，字远功，新化人，精于舆地之学。著有《舆地全图》，自云五易其稿而后成书。潘宗洛深为赏识，悬图于署门。宜兴储大文见之，叹为"精核"之作。

郭远，字青来，桂阳（今汝城）人。以文见知于潘宗洛，宗洛赞称"五岭之秀尽在子矣"。

车无咎，字补旃，邵阳人。与同县王元复齐名，又同衡阳王敔、攸县陈之驮共称"楚南四家"。潘宗洛督学湖南，论及车、王学术，认为王元复较博大，而车无咎较精深。

罗沛，字竹溪，衡阳人。为文古雅朴茂，有先正风味。潘宗洛嘉其才，称其为慧业文人。

易祖槐，字廷有，号植三，湘乡人。性鲁钝而励学，终夜不休。潘宗洛赏之，三举优行。后祖槐主讲湘乡东皋书院，裁成甚多。

朱縠，字而敏，号东水，桂阳（今汝城）人，拔贡生。著有《东水诗集》一卷，《文集》一卷，康熙五十年（1711）潘宗洛曾为之作序。

陈之驮，字桃文，号岛孙，攸县人。学识渊博，贯通经史子集。文名噪湖湘，宗洛主持乡试，拔为第一，并集诸生宣讲其试卷，赞为"此真秦汉文也"。之驮执卷诣案前，略谓："某文薄蒙甄拔，甚愧，评骘甚过当。"随

---

① 刘绪义：《清代两湖分闱：十八年坚持换来湖南人文鼎盛》，《湖南日报》2018年3月26日。

即指出某事出于某书、宜读某音等。众皆失色。宗洛却欣然离席，揖曰：
"某弋科第早，汲古浅，幸教我。"并取案上笔即命改正，然后再向诸生朗
诵称善。①

以上各人其时仅为诸生，潘宗洛以学政、巡抚之尊，虚怀若谷，礼贤
下士，其奖掖提携后进之功不可没。

湖南是多民族的省份，苗族、瑶族、侗族、土家族是湖南的土著少数
民族，在古代统称为"苗"，主要分布于湘南、湘西地区。由于受到封建统
治者的歧视压迫，历史上湖南少数民族地区经济、文化等都较汉民族聚居
地区落后，民族矛盾、冲突时有发生。潘宗洛担任湖广学政期间，广泛走
访少数民族地区，"出入苗界，群苗底定，其迹甚著"。他认为解决民族冲
突最佳的途径是民族融合，而民族融合最好的方式是发展少数民族地区文
化、教育事业。

康熙四十三年（1704），潘宗洛上疏朝廷，请求允许少数民族生童以汉
族身份参与科举考试，不论土司族属苗民，即由该训导造册呈送学臣考试，
卷面不许分别苗汉，进取之额亦不必加增，唯衡文为弃取，一体科举，一
体廪贡。疏称："臣自康熙四十三年正月以至十月，遍历湖南考试一周，途次
所经，自衡州而郴、永、宝、靖、辰，皆汉苗杂处，山林深密之地。郴、永
则南连两粤，辰、靖则西接黔中，仰赖我皇上文武神圣，无恩不服。……惟
是永远绥怀之策，既行奋武于前，宜即挽文于后。一得之愚，请为我皇上
敬陈之。大抵生苗之蠢动，由于熟苗之勾引为奸，而熟苗之不驯，由于汉
民之膜外异视。是故抚苗之法，当先施于熟苗，必使熟苗之心渐驯而后熟
苗可化为民；必使熟苗渐化为民，而后生苗可化为熟。今我皇上开诚布公，
彰信明义，视六合如一家，苍生皆赤子，何汉苗之分，生熟之别？而事有
尚须酌定者，即如考试一事，靖州之通道县，分编五里，一汉四苗，各输
租赋，而应试者，止有汉民一里。夫以归化百年之久，而尚有汉苗之分，
应试、不应试之别。汉民指而目之曰苗，则苗亦有不得不自以为苗，此则
通道之熟苗可为矜悯者也。臣查湖南之新化、安化两县，在宋时名为梅山，
尚系生苗巢穴，一归版图，人文渐盛，中进士举人者每不乏人，人不知其
为苗，彼亦忘乎其为苗矣。以彼絜此，新化、安化之苗何其幸，而通道之

---

① 张九钺撰《陶园诗文集·陈桃文先生传》，雷磊校点，岳麓书社，2013。

苗何其不幸。其余各府所属州县，有熟苗读书童生，因地方官碍无成例，不为送考，往往向臣陈诉，是则可为矜悯者又不独一通道也。臣愚，窃以为苗之归化，有已历三十余年者，如彼愿改入汉里，即应许以民籍应试，汉里生员童生不得阻抑，其取额不必加增，其卷面不必分别。要使汉苗无殊，以宏皇仁无外之义。行之既久，文教诞敷，则熟苗可化为民，而生苗可化为熟，未必非楚南久安长治之一策也。"①

此奏得到了康熙皇帝的认可，获准施行。从此，少数民族子弟可与汉族子弟一起参加官府资助的官学学习并参加科举考试，成绩优异者可一并授予官职。此事对清代湖南地区的文化发展有深远意义，王晓天教授主编的《历代寓湘人物传略》中对此评述道："康熙四十三年（1704），湖广学政潘宗洛明令允许各民族童生参加科举应试。湖广各地的'民瑶与汉人无异，每岁科举，瑶童得与考，亦与生监一体乡试'，'苗亦多应试'。此后，瑶人中举人渐多。"② 由此可见，潘宗洛对湖南少数民族地区的发展及民族融合功不可没。

四　刊刻《夏忠靖集》

夏原吉，字维喆。湘阴人。明洪武二十三年（1390）举人。官户部主事，建文初擢户部右侍郎，永乐间进尚书。明仁宗时加太子太傅，又进少保。卒赠太师，谥忠靖。有诗文集六卷，入清后，夏氏子孙式微，无力刊刻先人著作。康熙四十四年（1705），湖广学政任内的潘宗洛于夏原吉后裔处得其文稿，并为其刊刻行世。潘宗洛序云：

> 明夏忠靖公集六卷遗事一卷，始刊于常，又刊于苏，又刊于其乡湘阴。岁久磨灭，邑教谕詹君将复刊之而征序于予。……公所著诗杂文及家乘所录遗事，前贤论之详矣，其功烈在《明史》，而治两浙水利尤有德于吴。公殁几三百年，遗绩犹在，省大吏与乡之谈河渠学者屡议修复，然洮漏、震泽、白茆、淀山、柘浦诸港渎堰埠，日就湮废，

① 《靖州直隶州志》卷11《艺文》，光绪五年刻本。
② 王晓天主编《历代寓湘人物传略》，湖南人民出版社，2008，第353页。

苟非熟考三江名实、仿郏亶、单锷之书而营画行之，公之功其可几哉？
予吴人也，公集又尝刊于常，既著公之克举相职，而复系吴人之德公
者以示詹君，且遗公裔孙而淇。

光绪《湖南通志·艺文志》在著录此书时，称此刻本"其书四册，板
小字陋，而经提学、校官、县令之经营，南北数十人之参阅，所费四十余
金，出于募取，当时刻书之难如此"①。

值得一提的是，乾隆间纂修的《四库全书》，在收录《夏忠靖公文集》
时，所采用的底本正是潘宗洛所刻，但馆臣不仅对原书内容重新编排，而
且将潘序删除，完全抹杀了潘宗洛在传播此书中的贡献。

六　潘宗洛革职之由及其作为"儒吏"的文化贡献

潘宗洛康熙四十一年（1702）十二月任湖广学政，五十年（1711）正
月任偏沅巡抚，五十二年（1713）九月因事革职，在湖南不足两年。他的
革职原因，《清史稿》未见记录，但在《康熙起居注》中有详细的记载。

康熙五十年十月二十六日载："又覆请刑部等衙门覆偏沅巡抚潘宗洛所
题，张子忠与陈子文原无仇恨，因斗殴，陈子文先以拳打张子忠，张子忠
以链刀遮挡，中陈子文膝胫殒命。请准为可矜，减等发落，不准行一疏。
上曰：张子忠依拟应绞，着监候秋后处决。凡系人命案，俱有一定律例。
潘宗洛违例题请将殴人致死之犯张子忠即照可矜减等发落，不合。著都察
院察议具奏。"

康熙五十二年六月二十九日载："上曰：观各督抚所奏之事，惟湖南巡
抚潘宗洛所奏诸事皆糊涂不明，部中每多驳回，且其省雨水田禾情形，至
今尚未奏闻。湖南之事废弛，此人何如，朕不深悉，但系学士以应升升补。
湖南关系甚要，潘宗洛人何如，行止何如，著问在京大学士、九卿等公同
具奏。"

康熙五十二年七月十日载："又覆请九卿奏潘宗洛自任巡抚以来，行事
多糊涂，湖南地方所关甚要，潘宗洛才干平常，不胜其任一折。上曰：九

卿亦称潘宗洛平常，回銮日奏。"

康熙五十二年九月二十三日载："上曰：潘宗洛为翰林时，所学还去得。任巡抚后，适进一诗册页，观其所作，词意似属荒谬，顾左都御史兼管翰林院掌院学士事揆叙曰：朕有旨，着以诗册页发还潘宗洛，尔曾见册页否？揆叙奏曰：臣见之，果系荒谬。上谓大学士温达等曰：潘宗洛著革退，福建布政使李发甲著补授巡抚。"

康熙五十二年十月初二载："覆请户部议，原任偏沅巡抚潘宗洛题请垦荒宽限，应行文接任巡抚，俟查明详议具奏之日再议一疏。上曰：凡督抚条陈地方事务，应以实奏。潘宗洛所奏湖南荒田五百余顷，今天下户口甚繁，地无弃土，湖南安得有如许未垦之田？著差户部章京一员，会同湖广总督额伦特，就潘宗洛奏疏内所有州县，亲身查勘详明具奏。如此，则伊所奏虚实即可知矣。因问学士邹士璁曰：汝是湖广人，湖广荒田果有如此之多乎？邹士璁奏曰：臣是湖北人，湖北并无荒田。湖南虽有，亦何至如许之多？"①

潘宗洛虽不是为最高统治者所欣赏的"能员""干吏"，但在湖南任职期间，倡议"两湖分闱""汉苗一体"，加之文化素养较高，其才华又比一般意义上的"循吏"高出不少。这些文化贡献影响深远，惠泽后世，应该予以正确评价。

乾隆中叶，四库馆臣在将潘宗洛文集《潘中丞集》列入存目时，曾称其"诗文多台阁之作，奏疏、序记、家训等篇，明白质直，视其文颇为胜之"，但同时也指出是书"卷末有储大文所作传，以为古文词上宗《史记》，诗由玉溪诣少陵，皆以千古第一人推之，则非其实也"。无论潘宗洛诗文是否当得起"千古第一人"的评价，其在文学创作方面具有一定造诣，则是可以断言的。从这个意义上说，潘宗洛是封建社会中的"儒吏"而不是"能吏"，他在湖南不足两年时间，所作所为较之清代其他著名的湖南抚臣并无逊色之处，而对湖南文化事业的影响更超出了某些"能员"和"干吏"。对此，我们今天的湖湘学术界和文化界，应该对潘宗洛其人其事有一个重新的评价和估计。

---

① 《康熙起居注》，中国第一历史档案馆整理，中华书局，1984。

李元度集外佚文四篇辑述

王澧华[*]

摘　要：《天岳山馆文钞》为李元度于清光绪四年（1878）自编，光绪六年（1880）刊出，此后之作，皆未能收入集中。近得见其晚年为江西东乡饶玉成所作《饶新泉六十寿序》《皇朝经世文编续集序》，为湖南衡阳王之春所作《椒生诗草序》《国朝柔远记序》，从当时文献辑录整理，逐一考述其写作年月与地点、写作立意与章法以及相关人事、历史背景，据此考述李氏罢官家居之人际交游、暮年起复前的抗法海防经历，兼及湖湘经世致用的传统与传承，湖南新旧将帅自强御外的救世抱负及其思想演变。

关键词：李元度　佚文　饶玉成　王之春

　　光绪六年（1880），李元度（1821～1887）爽溪精舍自刊《天岳山馆文钞》卷首自序称："光绪四年春正月，平江李元度排次所为文，写定为四十卷。"[①] 光绪十三年（1887），李元度卒于贵州布政使任内，其子迎柩回湘。光绪十九年（1893），王先谦（1842～1917）为作《诰授光禄大夫贵州布政使李公神道碑》，末称未刊者有《天岳山馆诗集》十二卷、《文续集》若干卷。神道碑、墓志铭多据逝者亲友提供的行状写定，检李元度长子李积琳《先考李府君行述》（光绪刻本，无年代），历数李元度生平著述，"《天岳山馆诗集》十二卷、《天岳山馆文续集》如干卷"即"未刊行"。[②]

　　李元度一生命运多舛，家贫力学，由举人大挑，就任教谕冷官；太平军起，李元度被曾国藩（1811～1872）招入军幕，转战湖北、江西，危急

---

　　* 王澧华，上海师范大学对外汉语学院教授。
　　① （清）李元度撰《天岳山馆文钞·诗存》，王澧华校点，岳麓书社，2009，第5页。
　　② 李积琳：《先考李府君行述》，李氏光绪自刻本，第21页。

之际，临阵请缨，出幕带兵，苦战数载，凭战功实任道台，不到一年，却又因徽州一败，而被曾国藩奏参革职拿问，从此困守山乡；晚年因中法战争出山，实任贵州按察使一年，晋升布政使一年，便在 66 岁之年逝于官舍。子孙众多，但功名与宦迹皆不足道，先人归葬故乡，三年后才托请王先谦写下神道碑，遗著上十种，无一斤资刊刻传播。后三十年，乡贤先进陈右钧、王兴荣等人寻觅访读，所得残诗寥寥，为此作序作跋，痛惜李庐被毁，遗书悉付一炬。由此可知，李元度"《文续集》如干卷"，大抵都与其他未刊者一并散佚殆尽了。2007 年，湖南省《湖湘文库》编辑委员会将采辑入选的李元度诗文集邮寄给笔者校点，仅得《天岳山馆文钞》40 卷、《诗存》2 卷、《诗存补》1 卷，2009 年由岳麓书社出版。

新版《天岳山馆文钞·诗存》仅就原书标点，未能辑佚，近年陆续搜访，得十余篇，陆续整理发表。现将其晚年为江西东乡饶玉成所作寿序、集序二篇，为湖南衡阳王之春所作诗序、文序二篇，归为一组，公诸同好。

（一）《饶新泉六十寿序》

古有大隐在朝市之目，汉东方曼倩遂以避世金马门，称所谓吏隐者也。然吾谓吏隐之高者，莫如汉南昌尉梅子真。观其不辞卑官似柳下惠，直言极谏似箕微比干，及上书不报，弃官变姓名，入山修道，世传为仙去，遂有"神仙尉"之目。今南昌郡属分宁、奉新暨吾平之梅仙山，皆子真栖息处也。然则其为尉也，殆有托而隐焉耳。

自功利之害深痼人心，吏途益尘浊不可问，能得吏隐之遗意，戛戛乎难其人。若能希风仙尉之万一，尤当绝出流辈，甚矣，古今人不相及也！今乃于新泉通守仿佛遇之。

君本东乡士族，三岁失怙，母太夫人矢志抚以成立，少劬学，读古人书能知其意。及试，厄于遇，乃走京师，供事阁部，叙年劳以少尉发湖南，非其志也。然君转以不举其职为虑，常慨然曰："人重官，非官重人也。以孔子之圣，尚为委吏为乘田，程子则谓'一命之士，苟存心爱物，于人必有所济'，吾敢自菲薄哉？"初权桂东尉，属粤盗跳梁，君以治团练功擢主簿。时乡兵获贼谍二，君察之乃被掠而逃归者，力排众论，出其死。寻授长沙少尉，待狱囚恩威交济，时以善言劝化，因多感泣。岁蠲清俸，寒施絮，暑施药饵，今二十年矣。初杜中丞瑞联守长沙，伟君才，檄权郡司狱，而长邑囚即肆无忌惮，相搏噬，上官以君善抚驭也，檄回本任，遂以帖然。时君已晋阶别驾，加盐课司提举衔，而王司徒文韶时方抚湘，疏荐君以通判留湖南补用。崇方伯福主计典，复以卓异荐，称其宅心行事，老成练达，为不可多得之员。君遂由提举衔加秩，请二品貤封赠父祖，如其阶。德配王夫人称贤内助，长嗣绥芝，官粤西，所莅有名绩；葆芝、培芝，并为名诸生；蔼芝官皖南，印芝敏于读。驷马之门且日大矣。

今年三月，为君六十揽揆之辰，僚友制锦称祝，来征侑爵之辞。余惟君之仁心为质，众载口碑。有熊兴林者，禁锢十年矣，君数白其冤，上官察其非私，遽释之，君复助以行赀。余族子某，本村农，以从军洊保千总，归抚标，为人所牵累，愚讷不能举其辞，陷囹圄三年，首祸者远飏，其终无出理，亦赖君获昭雪。君之造福群生类此者，匪一端也。

然而人之知君，犹其外著之绩耳。君天怀夷旷，随遇而安，在官读书课子，常若置身簪笏外者。既重刻《钦定全唐诗》《皇朝经世文编》缩为袖珍本以饷艺林，复集同志，采辑道咸已来名臣魁儒有关学术政术之作，勒为《经世文续编》，不胫而走海内。乌乎，兹岂俗吏所能为者耶！然则仙尉之流风遗韵，君殆近之，而吏隐之目，亦惟君之爱素好古为足当之无愧色。拟以东方生，犹觉非其伦也。谨质言之为君寿，且致无疆之祝，计必不以为谀也。①

对于此文，有以下几点考述。

第一，寿序的主人饶玉成（1823～1892），字恩泰，号新泉，江西抚州东乡县人，家富藏书，钟情文史。清咸丰五年（1855）拣发湖南，署理桂东县典史，转任长沙县典史，升任长沙府理刑，"四次俸满，保升盐运同衔湖南即补通判"②。抚州为李元度当年艰苦征战之地，于当地民众为有功之

---

① 此文辑于饶玉成《皇朝经世文续编》卷 14，"光绪壬午（1882）春月补刻续编，江右双峰书屋藏珍"本。
② 引自《（东乡竹林塘）饶氏宗谱》（光绪续修）卷 2 "历代世系表"，承抚州市东乡区饶德恩先生提供，其中履历尤其是生卒时间对本文推定作年至为关键，文师华、张山东、姜新星、汪云飞诸先生辗转查询、接力提供文献，特此鸣谢。

人，饶玉成心生感激，昭雪身陷囹圄的李元度族子，也在情理之中；饶玉成翻印《全唐诗》，编刊《皇朝经世文编》，嘉惠学林，利国利民，李元度惺惺相惜，也属事出有因，这或者是李、饶二人结交的因缘际遇。

第二，该文见于饶玉成《皇朝经世文续编》卷十四《治体八·臣职》，与路德《老安司纪事诗序》、林则徐《书强忠烈公遗墨后》、牛振声《重刊方正学先生年谱本传序》、李元度《李东阳论》、乌拉喜崇阿《遵旨酌议折》等文并列。《皇朝经世文编》及《皇朝经世文续编》本来就不是以文体类分的，而是以"学术""治体""吏政""户政""礼政"为大纲，只不过编者将他人给自己写的寿序收入编中，还是有些异样，当然也可能事出有因。

第三，此文未有作年，据序文"今年三月，为君六十揽揆之辰"，饶玉成生于道光三年癸未（1823）三月二十八日，六十初度，当为光绪八年壬午（1882）。而当年二月二十九，李元度之母以八十六岁高龄考终乡里，三月间李元度忙于治丧，接待宾朋，直至月底成主，① 揆以情理，《饶新泉六十寿序》当作于三月之前。据此，也正可以解释，为什么光绪七年的翠筠山房刊本及光绪八年的双峰书屋刊本均无此序，仅见于光绪八年双峰书屋补刻本，而文中为何称"《经世文续编》不胫而走海内"，因为说的是此前的两个版本。

第四，借"吏隐"说巧为六十老吏作寿序张目。饶玉成光绪七年所作《皇朝经世文续编》自序称"玉成江右轻才，自咸丰乙卯签发来湘，旋补长沙县尉，投闲置散，不敢谈当世之务，历任既久，公暇遂多，典狱恤囚而外，惟以课儿校书为乐"②，整整二十六年，从三十岁出头到年届花甲，大好岁月耗费在"典狱恤囚"与"课儿校书"，职级也都是典史（未入流）、县尉（八品）与运同衔通判（从六品）这样的县府佐僚，③ 一生职守志事，难称称心如意，而六十之年忽焉已至，李元度为花甲老吏作寿序，如何落笔，想来颇费沉吟。目前我们看到的，乃是从"大隐在朝市"生发，借东方朔吏隐做铺垫，转入"吾谓吏隐之高者，莫如汉南昌尉梅子真"，"其为

---

① 郭嵩焘与李元度已订儿女亲家，三月下旬李元度专人赴长沙，迎接郭嵩焘到平江，请其点主，郭嵩焘日记皆有记载。

② 饶玉成：《皇朝经世文续编》卷首。

③ 李元度《饶新泉六十寿序》《皇朝经世文续编序》两称"通守"，孙桐生、俞锡爵为《皇朝经世文续编》所作之序，两称"别驾"，都是对"通判"一职的尊称。

尉也，殆有托而隐焉"，后世"功利之害深痼人心"，"若能希风仙尉之万一，尤当绝出流辈"，"今乃于新泉通守仿佛遇之"，句句切合饶玉成的赣籍与尉官，最后收束到"君天怀夷旷，随遇而安"，重刻《全唐诗》《皇朝经世文编》以及赓续《皇朝经世文续编》，"兹岂俗吏所能为者耶"，不仅"拟以东方生，犹觉非其伦"，而且是对"仙尉之流风遗韵"的发扬光大，"谨质言之为君寿，且致无疆之祝，计必不以为谀也"。

（二）《皇朝经世文编续集序》

《经世文编》之目，昉自明华亭陈卧子先生。近年善化贺耦庚督部辑《皇朝经世文编》百二十卷，参订者为邵阳魏默深先生，去取矜慎，海内风行，不愧经世之目。

盖学术之途三，曰义理，曰政事，曰文章，即古所称三不朽，亦即圣门德行、政事、文学之科也。凡义理与政事，必借文章发明之。义理之说，圣贤及儒先备矣，政事则与时变通。一代之兴，其典章制度，率斟酌古今之宜而出之，或藏在册府，或勒为官书，或散见于私家之著述，莫不有文武之道焉。文之至者可以载道，其次则明道，又其次则道政事，汉儒所称实事求是，皆为经世计也。自雕虫篆刻之习盛，文章与政事始判为二，文不关于政理之得失，则虚车而已矣，鞶悦而已矣，世何贵有是文哉？今以经世求文，则文章与政事合，义理即在其中矣。谈义理者虽穷极要眇，尚或可以空言树帜，政事则宏纲细目，坐而言即起而行，章之以文，其量可以经天纬地，次亦可备国家之掌故。盖文能经世，始为有用之文。然则经国之大业，不朽之盛事，固在此而不在彼欤？

贺氏之编成于道光中叶，沇今余四十年，名卿巨子、鸿达魁垒之彦，接踵辈出，宜必有搜讨而赓续之者。饶新泉通守笃素好古，吏隐湘中，公暇取近时文章家，择其言之足以经世者，用贺氏法分隶八条目，以类相从，名曰《经世文编续集》，亦当世得失之林也。

夫政事随时而损益，其因革异同之成迹，则具见于文章。故同一河也，昔之南行者，今则北矣；同一漕也，昔之河运者，今则海矣；同一盐也，昔用纲法者，今则票矣；同一兵也，昔用旗营者，今参以练勇矣；同一邦交也，昔之交易口外者，今则朋游中土矣。其他礼乐刑政，并有变通。盖自贺氏成书后，数十年间，而政事之沿革已若此，宜文之日出而加盛也。有一代之政事，即有一代之文章，万古日月，光景常新，虽百世可知也。后之君子，计必有赓坠绪而引而日长者矣。

光绪七年八月平江李元度序①

该文见于饶玉成《皇朝经世文续编》卷首。卷首序文 4 篇，第一篇即李元度序，第二篇为巴西（今四川绵阳）进士、前任永州知府孙桐生（1824～1909）序，第三篇为善化（今湖南长沙）举人俞锡爵（1823？～1901？）序，第四篇为饶玉成自序。自序居末，李序最晚出而排第一，显然是以年齿与官阶排序，② 既是人之常情，也是编书通例。

这篇佚文，有以下几点值得注意。

第一，"文能经世，始为有用之文"，较桐城文派的"义理、辞章、考据"说更进一步。

李元度不以古文名家，而刘声木《桐城文学渊源考》《桐城文学撰著考》一再将其归入桐城文派。这篇序文，李元度从"学术之途三，曰义理，曰政事，曰文章"入手，进而据"凡义理与政事，必借文章发明之"立论，而归结于"今以经世求文，则文章与政事合，义理即在其中矣"，俨然与桐城文派同一声腔。李元度在曾国藩幕府为时五六年，其间正是曾国藩推扬桐城文派、张大湖南文风之时，可以想见，曾国藩的桐城文论，对李元度应该是很有影响的。

不过，细读此序，后半篇似乎发力更大，"文章与政事相表里"的意味更浓。李元度以亲身见闻，列举"同一河也，昔之南行者，今则北矣；同一漕也，昔之河运者，今则海矣；同一盐也，昔用纲法者，今则票矣；同一兵也，昔用旗营者，今参以练勇矣；同一邦交也，昔之交易口外者，今则朋游中土"，畅论政事与时变异；而"政事随时而损益，其因革异同之成，则具见于文章"，故"有一代之政事，即有一代之文章"。贺长龄《皇

---

① 此文辑于饶玉成《皇朝经世文续编》卷 14，光绪壬午（1882）江右双峰书屋补刻本，亦见于光绪七年翠筠山房版、光绪八年双峰书屋版。

② 此为光绪八年双峰书屋及其补刻本排序，此前光绪七年翠筠山房版为孙序、自序、俞序、李序，乃时间排序。

朝经世文编》距彼时已经四十余年，"政事之沿革已若此，宜文之日出而加盛"，"名卿巨子、鸿达魁垒之彦，接踵辈出，宜必有搜讨而赓续之者"，"万古日月，光景常新"，也就是说，"以一代之文章，存一代之政事"，饶玉成有志于此，这便是《皇朝经世文续编》的价值所在。序文结笔"后之君子，计必有赓坠绪而引而日长者矣"，不仅是有感而发，更是体现心系国运民生的经世情怀。

第二，饶玉成自序称"续辑道咸以后五十余年中，名公著作有关世道之文，得数百篇，经李次青方伯鉴定"，尽管李元度序文并未言及此层，但《皇朝经世文续编》共计 519 篇，饶玉成自序称"博收而约取"①，《例言》更是说"兹编于道咸同光四朝之文，博采兼收，各极一时之盛"②，可是收录李元度一人之文已达 15 篇之数（约 3%）。饶氏自序还言及该书"经李次青方伯鉴定"，结合饶玉成在湘南、湘中的仕宦经历，不仅与李元度略有暗合与交集，而且他还曾经出手援救李氏族人，而李元度罢官乡居，整理编刊《国朝先正事略》，与饶玉成固然都有相同的文献情结，这应该就是李、饶二人文字交游的渊源所自。

第三，篇题与篇末皆称"《经世文编续集》"，饶书实为《皇朝经世文续编》，饶玉成将其收录，名从主人，依作者之旧，"经世文编续集序"，沿而不改。另外，检《郭嵩焘日记》，光绪七年（1881）八月，李元度一直都在长沙盘桓，此文篇末署"光绪七年八月"，大概是作于长沙而交付饶玉成者。

（三）《椒生诗草序》

昔人耻绛灌无文，随陆无武，盖以通材之难也。大丈夫提兵绝大漠，以战则胜，以攻则取，以守则固，又或乘长风破万里浪，周历海邦，观异域山川形势之险易，进取之方略，以一吐胸中之奇，而为中国申继绝存亡之大义，其于风云月露之辞，宜无暇及此也。然而夫子曰：诵《诗》三百，必达于政，使于四方，不辱君命，则于政事文学不特兼之，且若同条而并贯，其故何哉？《诗》之为教，本人情，通物理，其言

---

① 饶玉成：《皇朝经世文续编》卷首。
② 饶玉成：《皇朝经世文续编》卷首。

温柔敦厚。先儒谓事理通达则心气和平，以是出而为政，允文允武，如吉甫之宪万邦，无所施而不可。若王君爵棠观察，殆其流亚欤！

君本乡贤船山先生之裔，少为名诸生，工诗文，科第可庶几致。遭时多故，投笔请缨，转战楚豫燕齐间，出关陇，与定西陲。既而屯戍真州，吴下倚为长城。迨奏调赴粤，治海防，遂补督粮道，权雷琼兵备道，分防琼州。君足迹遍天下，其无暇为诗古文，与憔悴专壹之士竞短而争长也决矣，而君卷不释手，辄寓意于诗，其诗各体并工，生气远出，一本真性情所发擤。昔人云"清水出芙蓉，天然去雕饰"，君其有焉。尝奉檄游日本，考其山川图记，阴求天下奇士，归作《谈瀛录》，其志量深且远矣。又尝撰《国朝柔远记》，以寓"那颂"先民之思，附以《蠡测卮言》，谈时务者奉为圭臬。当是时，俄人肇衅朔方，琉球又为倭夷所并，君发愤走阙下，上万言书，陈夷务，自请帅锐师规复中山。时虽不用，闻者壮之。其达于政事又如此，宜其诗之绝伦而轶群也。

光绪甲申春，君在琼营，走书乞序其诗。琼州古儋耳，东坡之游迹在焉。世称坡公诗文以海外所作为奇绝，"千山动鳞甲，万谷酣笙钟"二语，即海外集之总序，正以兹游奇绝冠平生也。然则充君之才力，又得江山之助，吾恶能测其所至哉？屈指大功告蒇，君且作为歌颂，以继"江汉""常武"诸诗，吾见文学与政事将合为一手也。君其勉旃，余日望之矣！

时在二月即望，平江李元度拜序①

这篇佚作，见于王之春诗集《椒生诗草》卷首。王之春（1842～1906），字爵棠，号椒生，湖南省清泉县（今衡南县）人，明末清初思想家王夫之同族后辈（八世从孙），秀才从军，以乡谊在曾国藩、彭玉麟旧部历僚佐、营官，并得到李鸿章、左宗棠赏识，十余年间，先后出入湘军、淮军与西征楚军，转战中原、西北与东南，历官山西、安徽与广西巡抚。光绪九年（1883），王之春时任雷琼道，地当防务要冲，即李文所称之"君在琼营"。

---

① 此文辑于王之春《椒生诗草》卷首，第3、4、5页，光绪十年（1884）上洋文艺斋新刊本。上洋所属不甚确定，同为上洋文艺斋刻印的《椒生续草》，目录末行有"昆陵谢润卿承刻于沪上新北门内穿心街文艺斋"字句，或资参考。

至于何以"走书乞序其诗"，该文作者时在何处，文中皆未曾叙及，兹略作考述于下。

文末称王之春邀序在"光绪甲申春"，落款为"时在二月既望"，即清光绪十年二月十六日（1884 年 3 月 13 日），不烦详考。兹据《郭嵩焘日记》，该文当作于广州。

光绪九年（1883），中法外交纷争加剧，战争首先在越南打响，边境战事，一触即发，清廷命在籍养病的兵部尚书彭玉麟（1816~1890）自湘赴粤，镇守广州，主持两广军务。离湘之前，彭玉麟招邀赋闲多年且此时母孝在身的老友李元度南下广东，协助处理军机奏章。湘军初创，李元度即为曾国藩军幕负责奏章，当时彭玉麟等人还只是前敌营官，因此彭玉麟奉旨之后，随即从衡阳赶赴长沙，与在省之湘军早期高参郭嵩焘、李元度等密商进止，面请李元度南下广东，总办奏疏，并托李元度儿女亲家郭嵩焘劝驾。事见彭玉麟九月十七日辰刻《致郭嵩焘》："折稿经次翁斟酌，甚妥，顷已匆匆过目……折友实不得人，犹求晤次老，代劝驾，三月后必送其归也。今日舟中有事，不能入城面求次翁，特请早安。"① 李元度赴粤一事，《清史稿·李元度传》及李积琳所撰《李府君行述》皆系于光绪十年，并误，除上引彭玉麟信，还有光绪九年秋冬间的《郭嵩焘日记》为证：九月十四、十六日，彭玉麟在长沙两次造访郭宅（郭嵩焘曾任广东巡抚三年），十八日设宴，郭嵩焘、李元度等人与席，郭、李二人先后向彭玉麟推荐缮写文书人选；二十日，李元度"回平江"料理南下事宜；十月初九、初十日，郭嵩焘在长沙两次会见李元度；十一日，郭嵩焘"寄彭雪芹宫保一信，亦致李次青一信，托其带赴粤东"，"便道为李次青送行"；② 十二月二十日，郭嵩焘接李元度来信，日记中称"李次青信铺张刘永福战绩，并述及雪芹宫保以'力拒洋人、不与相见'为义"③；至光绪十年四月十二日，郭嵩焘在长沙"接李次青书，由李西墀（即李元钺，李元度族兄）带至，询知次青三月十三日从广东北归"④。李元度在粤期间，足迹未曾离开广州。据此，则这篇作于"二月既望"的序文，当作于广州大黄滘营中。

---

① 《彭玉麟集》，梁绍辉、刘志盛等点校，岳麓书社，2008，第 399 页。
② 《郭嵩焘日记》第 4 册，杨坚等校点，岳麓书社，1983，第 422、427~428 页。
③ 《郭嵩焘日记》第 4 册，杨坚等校点，岳麓书社，1983，第 444 页。
④ 《郭嵩焘日记》第 4 册，杨坚等校点，岳麓书社，1983，第 470 页。

以年辈、资历与战功而论，李元度于王之春都堪称尊长，更与军中主帅、兵部尚书彭玉麟为几十年的同袍战友，此时位居帅幕，起草章奏文报，所以，王之春这才以乡晚的身份、湘军的情谊与前线要塞的杀敌热忱，将近年诗钞送呈投笔从戎的前辈作手，专程修书求序，与李元度开启一段文字因缘。李元度书生从军，身临前敌，转战江西、浙江与贵州十余年，大小数百战，积功实任浙江温处道、安徽皖南道、浙江按察使各职，因此，序文也就对王之春的"投笔请缨，转战楚豫燕齐间，出关陇，与定西陲""屯戍真州"以及"奏调赴粤，治海防"与"分防琼州"着意表彰，进而落到"君卷不释手，辄寓意于诗，其诗各体并工，生气远出，一本真性情所发摅"，归结于"充君之才力，又得江山之助""屈指大功告藏，君且作为歌颂，以继'江汉''常武'诸诗，吾见文学与政事将合为一手"，行云流水，得体得法。

另外，《椒生续草》卷2有《怀李次青方伯（元度）》一篇，一并抄录于下。

蒙泉出山下，浮云起太空。云行聚还散，泉流西复东。好友不常见，此景将毋同。况复忘年交，教益承光风。一朝陈臬去，列柏森黔中。仆亦泛琼海，治军事匆匆。迩来赋行役，南交路蚕丛。瘴疠不为灾，体气渐自充。徒念溯洄诗，寸心托飞鸿。鸿飞渺何处，仰视目力穷。所幸黔粤近，往来藉诗筒。眠食近奚似，善保金玉躬。遥知两地心，隐隐或相通。除却平安字，何以报我公？[①]

（四）《国朝柔远记序》

古今之国势，自唐虞三代至秦而一变，井田、封建诸法荡焉无存，此一时也。自汉唐以后，至国朝道咸中而又一变，举际天并海，从古不通中华之国，并梯山航海，重译来同，此又一时也。斯二者，皆天

---

① 王之春《椒生续草》卷2，光绪十四年（1888）上洋文艺斋刻印，第1页。此诗次于《丙戌元旦立春四十六岁生日作》之后。

也。虽然，天不变，道亦不变，盖至变中有不变者存焉。论者佥谓天主、耶稣诸教自明季阑入中土，惧夺吾尧舜孔孟之席，吾谓不然。盖不特彼教不能夺吾尧舜孔孟之席，且深幸尧舜孔孟之教将盛行于彼都，而特自今日始。何者？尧舜孔孟之教，为天地立心，为生民立命，乃乾坤所縣以不敝者也。天地之生人为贵，薄海内外诸国皆人也，皆可与入尧舜孔孟之道者也，特自古不通中国，又相去数万里，礼闻来学，不闻往教，故不知有圣人，未得闻其教耳。天诱其衷以互市，故朋游于中土，而渐近吾礼义之教，自当幡然大变其故俗，尚何虑其夺吾尧舜孔孟之席哉？《中庸》不云乎："惟天下至诚，为能尽其性，则能尽人之性，能尽物之性。"物之性且当尽，况异域同在并生并育之中，若听其外圣教而终失其性，何以赞化育而与天地参乎？天心仁爱，圣人有教无类，必不忍出此也。圣人之道，譬如天地之无不持载，无不覆帱，是以声名洋溢乎中国，施及蛮貊，舟车所至，人力所通，天之所覆，地之所载，凡有血气者，莫不尊亲，故曰"配天"，此正尧舜孔孟之实录也。其曰舟车所至，则今日之火轮舟车，圣贤早知之矣。此圣教将行于各国之大机括也。

夫圣教在中国，亦以渐而及也。尧舜都冀州，其时惟今山西、山东、直隶、河南、陕西数行省为中原，余皆要荒服也。孔孟时，吴越荆楚尚为蛮服。宋以来，三江、两湖、闽、越、黔、滇、川、粤始大盛，文学比邹鲁。谓非圣教之自近而远欤？我朝雍正中，滇、黔、川、楚、两粤诸苗瑶改土归流，亦自开辟以来始沾王化。至乾隆中，新疆拓土二万里，则中土业已遍覆无遗，繇是可以及外国矣。然则尧舜孔孟之教，盖渐推渐远，初无一息之停也。

臣友王之春有见于此，爰撰《国朝柔远记》，自圣祖讫穆宗朝，凡怀柔泰西诸国之事迹，皆备纪之。虽不无"猗那"先民之思，然正以见累朝圣人兼容并包如天之量。天欲使尧舜孔孟之教自中国以施及蛮貊，列圣先天而不违，故在二百年前即已启其机括。盖天地无外，圣人无外，故列圣之包涵遍覆亦无外。吾知百年内外，尽地球九万里，皆当一道同风，尽遵圣教。天下一家，中国一人之盛，其必在我朝之圣人无疑矣！目下泰西诸国，皆能识华文，仿中制，译读四子五经书，丕变其陋俗。英国近有比递斯尼教，以躬行实践为宗，此即尧舜孔孟之正教也。彼其所谓天主、耶稣、希腊诸教，已自悟其非，而迁乔出谷矣。岂非自然之气机动于不自知，列圣早已启其端哉？

之春又以己意撰《蠡测卮言》十三篇，曰慎约议、联与国、广学校、精艺术、固边防、修船政、兴矿利、防漏税、强兵力、练民团、禁贩奴、编教民、论鸦片，皆时务切要之言。语曰"识时务者为俊杰"，反是则迁儒俗吏而已。当今日之时势，强邻相逼而来，几成战国之局，虽孔孟复生，亦不能不因时而立制，以孔子固圣之时者也。孔子陈九经，曰柔远人，来百工；孟子极论交邻之道，已预知今日之时事。此十三篇者，皆救时之急务也。虽然，有本焉，富强其末也。孔子曰："足食足兵，必要其归于民信。"又曰："庶矣富矣，必要其归于教之。"孟子曰："修其孝弟忠信，可使制梃以挞坚甲利兵。"此我中国自尧舜禹汤文武周公以来历世相传之本务，而不可一日忘者也。

洋人所奉者天主，然而天道之所忌彼皆犯之。残忍，天所忌也，洋人于火攻则精益求精，于鸦片则创鸩毒以害人，充其量不至尽天下之人类不止，犯天之忌一。机巧，天所忌也，洋人无事不用机械，犯天之忌二。强梁，天所忌也，洋人则以强凌弱，以众暴寡，犯天之忌三。阴险，天所忌也，洋人吞噬兼并，每蓄意于数十年前，而坐收后利，犯天之忌四。狡猾，天所忌也，洋人智取术驭，得寸进尺，犯天之忌五。忘本，天所忌也，洋人不敬祖先，废宗绝祀，犯天之忌六。黩武，天所忌也，洋人恃其船坚炮利，不戢势将自焚，犯天之忌七。专利，天所忌也，洋人上下交征利，君臣、父子、兄弟怀利以相接，犯天之忌八。奢侈，天所忌也，洋人厚于自奉，穷奢极欲，犯天之忌九。忌刻，天所忌也，洋人暗分朋党，彼此猜嫌，犯天之忌十。然则为洋人计，由今之道，无变今之俗，亦断难必其有终，故惟幡然改从尧舜孔孟之教，然后不失乎人之性，而无犯造物之所忌。此尧舜孔孟所以为天地立心、为生民立命，而吾中国之所以为中国者，在此不在彼也。然则，言时务者虽师彼之所长，尤当以尧舜孔孟相传不变之道为本务，而后可与言富强也。

光绪十年甲申三月，臣李元度谨叙①

---

① 此文辑于王之春《国朝柔远记》，光绪十七年（1891）广雅书局刻本。

该文见于王之春《国朝柔远记》卷首，从落款"甲申三月"可知，距《椒生诗草序》不过一月，前引《郭嵩焘日记》称李元度"三月十三日从广东北归"；又据彭玉麟光绪十年三月初三日《致郭嵩焘》，有"次翁服满大事，不敢屈留，刻下尚虚此席"① 之句，则似乎三月初三以前，李元度就已经辞去（此番离营回乡，是因为五月母丧服除，归家举行禫祭之礼）；再从该文抄录大段旧文来看，作成于平江的可能性更大。

《国朝柔远记》是清朝对外关系史料汇编，多为君臣间的谕令、奏折及相关文献，据王之春光绪六年（1880）自序，此编意在"搜茸陈编，考证往事"，"俾颠末尽窥，得失互证"，"或有裨于久安长治"，② 以编年为纪事，考得失为镜鉴，体例周详，用意深远。该书于光绪十六年（1890）首次刻印面世，卷首即各序，分别出自王之春湘军前辈彭玉麟、李元度和江南任职上司谭钧培（1828～1894）、卫荣光（1826～1890）等人。其中谭序据"惟圣知几，亦惟圣因天"立言，卫序据"前事不忘，后事之师"立论，都只附和清朝列宗化干戈为玉帛的"柔远"国策；彭序则强调彼之"归顺"与我之"驯伏"；李序则更加铺张，大谈"尧舜孔孟之教"以及"天道十忌，洋人十犯"，篇幅最长，落笔最重。究其原因，主要是身处抗法前线，有感而发。李元度于光绪十年十一月抵达广州彭玉麟幕府，彭玉麟位居兵部尚书，奉旨赴粤筹防，且又力主抗战，而法军又海陆两路威胁两广边防，李元度书生从戎，戎马半生，此时身处帅府军幕，同仇敌忾，有些言论涉于虚矫，也在情理之中。

此次中法战事，乃为越南而起，驻法公使曾纪泽（1839～1990）主战，直隶总督李鸿章（1823～1901）主和，曾纪泽之叔、两江总督曾国荃（1824～1890），前任驻法公使郭嵩焘皆不认同开战，但都很少公开表态；而彭玉麟则意在决战，启程之际，沿途张贴谕民告示，甚至有奖励仇杀法侨、禁止商船入港等条。郭嵩焘为此一再去信开导以至责难，今人可从《郭嵩焘诗文集》得见一二。如《致彭宫保》说"西洋之患亟矣，中外诸公懵焉莫测其所由，先无以自处。主战愈力，自处愈穷"，"直陈之麾下，幸

---

① 《彭玉麟集》，梁绍辉、刘志盛等点校，岳麓书社，2008，第 409 页。
② 王之春：《国朝柔远记》卷首。

冀有所采纳"；《复李次青》直言"公于洋务，终未有明"，"窃虑雪帅气太盛，语太轻，此所以关荣辱乃在天下国家，深愿在事诸公之熟筹而深计之"①。彭玉麟回信辩驳，郭嵩焘则在光绪十年三月十八日日记责彭"所论洋务，皆呓语也"。② 今所见《彭玉麟集》为当年编刊者删减殆尽，如光绪十年三月初三日《致郭嵩焘》，仅有"至于主人翁一切举动心机，次翁自能详叙，不必赘述。弟驻大黄滘南石头营次，无善可陈"③ 数语，可见端倪。

此文的主旨，在于"尧舜孔孟之教"为天地立心，为生民立命，西人奉天主，犯天忌，必将幡然改从"尧舜孔孟之教"，吾中国之所以为中国，"尤当以尧舜孔孟相传不变之道为本务，而后可与言富强"，与王之春编书用心与书中史事颇有偏离。实则李元度早有此意，此次不过牵率而出。检《天岳山馆文钞》卷三十六收有《答友人论异教书》，序文前两段畅论"圣教""异教"，几乎全部出自这封信，《天岳山馆文钞》为光绪四年李元度自编，该信前后皆同治年间作，可见李元度"圣教""异教"之辩，早已蓄之于心，历有年所，此次借"柔远"之义，正好畅所欲言，而"十忌""十犯"则不免偏狭与局限。

一年之后，中法战争结束，马尾之战、基隆之战、澎湖之战，损失巨大，"柔远"的世界观下，《中法天津条约》又一次丧权辱国。与此同时，李元度进京觐见，清廷授职贵州按察使，李元度上奏《敬陈海防疏》，谋国之忠依旧，而其"筹饷十策"与"筹防十策"，不仅"颇采时论"，而且"酌参西法"，诸如改钞法、招鼓铸、开矿厂、建海军、立帅府、辟台疆、修炮台、设公使等，眼界一开，言论随之大变，筹措也更为切实。痛定思痛，亡羊补牢，与时俱进，自我更新，李元度在生命的最后两年，显示出新的思想高度。

① 《郭嵩焘诗文集》，杨坚点校，岳麓书社，1984，第 224～225 页。
② 《郭嵩焘日记》第 4 册，杨坚等校点，岳麓书社，1983，第 465 页。
③ 《彭玉麟集》，梁绍辉、刘志盛点校，岳麓书社，2008，第 409 页。

陈宝箴集外文辑考

杨锡贵[*]

摘　要： 湖南巡抚陈宝箴，是戊戌维新运动期间最为有胆有识的清代地方大员。经汪叔子、张求会整理出版的《陈宝箴集》，为学者开展陈宝箴与维新运动研究提供了丰厚的史料文献基础，但仍有遗珠之憾。本文辑录陈宝箴任职湖南候补道、署辰沅永靖道、河南河北道、直隶藩司、湖南巡抚期间以及革职赋闲后的集外佚文共七件，对所收各件的写作时间、背景及相关史实分别进行了考证说明，在一定程度上弥补了《陈宝箴集》的不足之处，为陈宝箴研究提供了新的史料。

关键词： 陈宝箴　维新运动　佚文

湖南巡抚陈宝箴是戊戌维新运动期间最为有胆有识的地方大员，其在湖南的一系列新政举措，虽未能"了却君王天下事"，却为其"赢得生前身后名"，也因此成为学界重点关注的研究对象。杰出历史人物留下的文字，是研究其生平与思想的第一手史料，于陈宝箴著作的搜集整理，汪叔子、张求会的贡献，无人能出其右。他们的合作成果《陈宝箴集》（以下简称《陈集》）已于2003、2005年由中华书局出版，搜罗之全、校点之精，堪称典范，是研究陈宝箴及近代中国历史特别是维新运动史不可或缺的案头书。遗珠之憾当然在所难免，钩沉辑佚，匹夫有责。笔者幸获陈氏集外文七件，兹加校点，以飨同好，并略加说明。

一　留湘候补期间所作《祈雨祀城隍文》

古代遇有旱灾肆虐，地方官员必得举行祈雨仪式，其中诵读祈雨文是

---

*　杨锡贵，湖南省长沙市开福区教育科研培训中心研究员。

重要一环，以期通过语言的献祭，感动天神，求得甘霖润泽。祈雨文作者多为文笔优美的名流学者、地方官员，祈求的对象不同，祈雨文亦有不同，然大抵以“陈以灾情、祈求怜悯”，“返躬自罪、自贬救民”，“质之百神、责以职任”为主要内容。[①] 陈宝箴此件祈雨文祈求对象为城隍神，兹校点并录全文如下。

曰惟神敕司于幽，以弼邦治。惟城暨隍，厥惟民依。惟咸乂宰，物经世时。惟百工阴阳，风雨舛忒。咸曰惟政之疵，亦惟神有攸疚。嗟！惟若兹州，实罹旱虐。自仲夏至于九月，雨弗下尺。土膏用绝，多稼既燔，麦菽罔时艺。黎民重困，讹言繁兴，罔常厥居。大府钦承天子威命，抚兹湘楚，惄焉若阻饥。简任守土，惟新厥治。更命不佞宝箴，莅兹拊驭。乃纲乃纪，俾不干于彝。宪奠厥居，予惟殚厥衷，孚信兆民，罔敢自逸。惟民为邦本，艰食乃乱。兹旱魃肆，虐于兹土，有司咸惧，恐不克共承，国家明命覆乃竦。惟神实相兹域，鉴于幽显，式彰厥灵，民罔不祇肃，亦唯曰克庇我里，捍厥灾，是用祇于罔斁。兹遘沴凶，罔攸告，其亦若有司，弗共厥事。予小人曷其有攸赖，是用告于尔神，尚兹觌山暨川，肆敷泽于兹土，用佐我圣清丕冒，惟庥兆民。咸若吏不省，厥躬弗祇，厥职神降之罚。惟于民罔攸，暨民不安厥彝，肆戾于下，惟吏有刑。呜呼！天道福善祸淫，即厥躬无逮乃师。惟我有司，与神匍匐，下民咸祇，励于弗逮，以承天庥。敢告。[②]

此件见于清光绪三年（1877）修《道州志》，文题下署“候补道陈宝箴，义宁人”。查《清代官员履历档案全编》，陈宝箴于清同治十一年（1872）以“道员留省补用”，清光绪元年（1875）“署理辰沅永靖道”，[③] 故《祈雨祀城隍文》当为陈宝箴补用道员之后和署理道员之前所作。从“更命不佞宝箴，莅兹拊驭”一句来看，陈宝箴此次前往道州祈雨活动，系奉“大府”（湘抚）之命。

---

① 刘欢萍：《试论中国古代祈雨文的主题特征及其文化内蕴》，《文化遗产》2012 年第 3 期。

② 李镜蓉、盛赓修，许清源、洪廷揆纂《道州志》卷 11，光绪三年刻本。

③ 秦国经：《清代官员履历档案全编》第 6 册，华东师范大学出版社，1997。

二　署辰沅永靖道期间上《缕陈地方情形并议疏浚沱江禀》

　　据考证，今湘西地区道的设置，始于明宪宗成化十五年（1479）。由湖广巡抚吴诚奏设，名为辰沅兵备道，驻沅州。清康熙六年（1667），辰沅兵备道裁撤；康熙九年（1670）复设分巡辰沅道，仍驻沅州；康熙四十三年（1704），因偏沅巡抚赵申乔题奏，辰沅靖道移驻五寨司城（后称镇算城）；清雍正八年（1730），分巡辰沅靖道改名为分巡辰永靖道，雍正十三年（1735）又改名为辰永靖兵备道；清乾隆元年（1736），始称辰沅永靖兵备道，加按察使衔，系军政合一机构。①

　　因湖南巡抚王文韶之奏请，陈宝箴得以署理辰沅永靖兵备道，于清光绪元年二月十九日（1875 年 3 月 26 日）接事，次年四月即"受代还长沙"，为时仅一年有余。这是陈氏生平履历中的第一个实缺职务。此前其多以游幕身份，充当出谋划策、奉令行事的角色。

　　署理道职期间，陈宝箴在严惩凶顽、推广竹茶种植、教民制薯丝、疏凿沱江等方面都有建树，具体情况可见陈宝箴《陈母李太夫人行状》、郭嵩焘撰《陈母李太夫人墓志铭》以及陈三立所撰《皇授光禄大夫头品顶戴赏戴花翎原任兵部侍郎都察院右副都御史湖南巡抚先府君行状》。

　　担任过辰沅永靖道、湖南布政使的鄂人但湘良（1824～1905），纂有《苗防屯政考补编》一书，其中有《缕陈地方情形并议疏浚沱江禀》一文，署名为"辰沅道陈宝箴"。禀稿分为两个部分，第一部分汇报所管辖地方情形，并提出了解决地方利病、注重长远的政策建议，全文如下。

　　敬禀者：

　　　职道奉宪台檄署辰沅永靖道事，到任已及三月，于地方情形颇悉梗概，所有整饬吏民、兴利除害一切应办事宜，皆因时振作，无须先事敷陈。惟地方安危，治乱所关，事虽未形，实有履霜坚冰之渐，而

---

　　① 廖子森：《辰沅永靖兵备道考——兼谈〈清史稿〉的疵谬》，《吉首大学学报》（社会科学版）1989 年第 4 期。

其事为政治之根本者，不得不历陈于前，而求为补救之计，请得为宪台一具言之。

伏查道属府、厅、州、县，其要重尤在苗疆，而苗疆要重之区又在凤、乾、永三厅为最，古丈坪厅次之。自改设屯防以后，建置既殊，政治亦异，而形势阻深，民苗杂处，其利害安危，为一道休戚所关，亦即为湖南全局所系。溯查屯防创始时，傅前升道以经济之伟才，为久安之远计，规模条理，纤细无遗，但能实力率行，即可久而不敝。嗣因租入减捐，别议补苴，军兴以来，叠奉节减，敷布渐难绰然。然使支放稍从节宿，而经制防维之大，拊循安辑之宜，苟不致日就颓坏。变易旧章，犹无伤于大计。即如储备一款，动用至于数万金，向议由司库弥补，今尚未能遽行。此款原备凶荒有事之用，但值承平丰稔，即亦非所必须。

惟利病之本，所关甚重，而为数亦复无多者，则莫如各厅津贴公费一节。查向章，屯租虽减，各厅赖有津贴之款足资办公，得以洁身自爱而又升阶较易，但计廉能，不论资格。其时由厅丞超擢本道者常不乏人，以故争自濯磨，政肃民义，民苗服教，日以帖然。故旧章历久如新，遵行无斁。近今以来，渐违故轨，公费不足，私累相仍。贤者奉檄不前，或到官即皇皇求去；中人以下，处兹瘠苦，则多方设法，以求取盈。于是克减以省其出，苛派以增其入，听争讼则计贿为是非，举苗弁则重资为贤否。

即如择苗弁一事，向章按里递设，苗弁各有稽查之责，差役禁入苗地，苗民犯法，则责苗弁送厅究问，故必以本里之人举充，资其谙习。今则听他里之人营充贿夺，相距数十百里，所辖苗寨但索陋规，事皆莫办。其营充之费，昔常千余缗，今苗贫力难，亦有数百缗者。得缺后，皆以敛之苗民，而每年所入又或称是。于是勾结丁役，假作威福，厅丞自爱者尚不过为假借，不肖之徒遂辄以为爪牙，资其把注，威柄下移，而苗民浸不堪命矣。

内地官绅优劣，有缙绅可资询访，有行旅可备见闻，有民间上控之词可为考核，故吏怀忌惮，不敢自恣。苗疆僻处岩边，民愚士陋，间有上控，极于巡道而止。拙者民苗一律，苛政犹或上闻；巧者虐苗赍民，苟免眉睫之灾。即身名俱泰，巡道又或悯其官况萧条，不为刻责。故内地之苛政犹易革除，而苗疆之积弊真无可控诉。日复一日，踵事而增。传曰："作法于凉，其弊犹贪。作法于贪，弊将若之何。"以前人立法之善，其弊犹至于此，今苟听其相背而驰，不早为之挽救，其不致至于黔苗之已事者几希矣。

窃谓安边必以惩贪为本，而惩贪必以养廉为急；守法必以得人为本，而得人又以善任为要。今欲惩贪养廉，得人而善任之，俾守法而安边，其要约有三端。

一曰复津贴。溯查道光二十七年，详奉奏定章程，每年津贴凤凰厅银一千两，永绥厅银五百两，乾州厅银一千五百两，古丈坪厅银五百两，皆于通省养廉内派捐。咸丰九年以后，屡有减折。复于同治八年核定，因凤凰厅另有发审公费，仍照减定成数，岁给银三百六十两，此外视前稍增；乾州厅岁给银七百两，永绥厅二百四十两，古丈坪三百六十两，较原额仅几得半。向章收发兵米，稍有赢余。自同治九年改章以后，有绌无赢，所增津贴与未给同，而永绥尤为逊前。今拟仰请宪恩，准将凤凰、乾州、古丈坪各厅津贴仍照道光二十七年奏定原额给发；永绥厅前因兵米稍有赢余，故原额较少，今兵米更章，拟请于照复原额外，岁再增给银三百两。此外，各厅原有别项公费，已经减发者，均请查照原额给发。至保靖县亦属苗疆，应否酌给津贴及此项经费向由通省养廉内派出，似难久行，可否请于洋药厘金加提项下酌拨，期于永久，均候宪裁。

一曰资久任。近章：州县署事，率以一年解任。在苗疆繁难之区，风土人情且难谙悉，岂能望其报最。况政教以渐而施，求治不能太急。今拟仰请宪恩，饬司详定，所有苗疆各厅丞，必一一严加遴选，在任请以三年为限，勿遽更易生手，致视官如传舍，庶几久于其任，知明处当，民苗服习政教，贤者可以移风易俗，中材亦得以循分尽职，而无因循废弛之患矣。

一曰议调剂。州县钱粮杂款，类有羡余，许留为办公经费。苗疆则养廉而外，别无所施。此后即蒙准复津贴原额，祇可勉资公用，而事畜之资仍难仰给，势必藉资称贷。在任既不能偿，去任何堪设想。在居官洁己固为分所宜然，然忠信重禄，所以劝士，不能体其不得已之情，安能责以有不为之节。且中人大抵有所为而为，善善不蒙赏，而又不免于累葹以劝矣。定例六年俸满，而苗疆则五年即予推升，明示体恤边吏至意。今拟仰请宪恩，于各厅丞，无论实缺署事，但能奉公廉洁，克尽职守，三年内始终如一者，准该管巡道出结具详，即酌委优缺，如首县之例。其三年内贪昏不职者，随时撤参，不在久任调剂之列。该管道含糊狗隐，不据实禀揭者坐之。仍令年终将各厅操守政绩，详晰缕陈，以凭考核。弥缝粉饰之习既无所施，则官常自谨，而不肖者不能幸邀逾格之恩，自好者尚有后此酬庸之望，吏治蒸蒸日上矣。

凡此数端，实为吏治之本，则职道之力所不得为者。

窃谓天下安危治乱之机，胥视乎吏治之得失，而苗疆尤为特甚。职道前年奉委赴黔，安插降苗，审其致乱之由，每为痛恨。当其初改土归流，立法亦非不善。既而奉行不力，逐渐更张，遂至荡坏无余。以漏规为万世不易之制，因之踵事频增，有加无已。即如采买兵米，由徒输递，至折钱折银至每石三十余金，苗民掘祖墓，取殉葬之金以偿官，数十年中无一人力挽颓波，为之稍从宽减，遂至愈趋愈坏，一决而不可御。然后草薙而禽狝之，亦可哀已。然其流弊至于此极者，非一朝一夕之故。故职道抵任后，于所属各厅，每谆谆以作俑为戒。而念其景况之艰，假贷之窘，又恻然无以处之。因念王道必本人情，所藏乎身不恕，未有能喻诸人者。恭遇宪台整纲饬纪，曲尽人情，凡所施设，皆为地方久远之谋。是用抮缕沥陈，不敢以暂时权篆，缄默不言，有负宪台孳孳求治之意。伏冀俯鉴区区，曲加训示。如蒙采择施行，并乞饬司核议，详定章程，以垂久远不易之则。

苗疆为通省重地，近因能吏以为畏途，遂若视之甚轻，得宪台掣而重之，俾吏廉则生威，政平则成化，苗疆永无反侧，则受福者不止一隅矣。至于裕闾阎生计之源，严苗民交涉之限，申盘剥侵占之禁，严惩奸民蠹役之害，除弊即以兴利，率属必本洁身，与夫规勉属吏，奖抑兼施，苟非怙过不悛，义必勉为诱抑，不遽仰渎宪听。如卒无可挽回，亦不敢徇情隐饰，自同寒蝉，所以仰副宪台委任裁成之至意者，如是而已。

第二部分系汇报疏凿沱江河道工程之事，其文如下。

敬再禀者：

苗疆惟凤凰厅为镇道驻扎，军民萃处，生息日蕃，而山多田少，半赖他境兵米屯租，藉资民食。荒歉之年，告籴无所自，储备银谷，动用靡遗，益无所恃。厅境不忧水潦，而虞旱灾。旱荒之岁，河流益涸，平时小舟可抵距城二十五里之石羊哨，稍涸祇达距城六十余里之地。各县兵米，转运綦难，因多折解，商贩罕至，采买亦艰，平日既乏盖藏，临时复难补救，诚有不能无虑者。

职道到任后，接见本籍升绅，访以形势、水利诸事。伏查厅境沱江之水，较石羊霄更为畅阔，虽大旱未尝甚涸。其水绕厅城北，纡折而东，汇乾州合溪之水，直达泸溪，视出石羊哨溪河以抵辰溪尤为径捷。惟东流去城六十余里，至老河口中亘巨石六七丈，舟楫不通。前湖南巡抚陈文恭公巡阅至厅，令前道纪虚中缘流疏凿，未半而公去任，工遂辍。傅前道鼐屡欲踵行，以军兴不果。事详《厅志》。今文恭时所浚遗迹尚存，若踵而疏沧之，至老河口上流或别穿渠数里许，引水注渠，避亘石，旁出以达下游，其事较凿石为易，数月可藏。此下但须略为疏浚辰河，舟楫可以直达厅城。舟运既通，纵遇荒年，采买易集，各县兵米便解本色，平时可裕积储，歉岁易招商贩，即储备银谷尚未弥还，仓卒时可以就近挪款，通融运济，不至束手坐困，而平时商贾来集，闾阎生计亦必稍纾，诚为百世之利。

职道现饬地方正绅沿流踏看，有无防损民间庐墓，俟绘图呈阅后，拟即躬往勘估工程。如费在四五千金以内，职道即一面于新秋时自行捐廉兴修，不足则量于本厅缙绅。现在带勇仕宦者驰函劝捐，共成此举，当无不欣跃从事。若为数在四五千金以外，则地方既无可筹款，职道亦力有不逮，惟有俟之异日而已。

据行文中"到任已及三月"字样，可推断陈氏上禀时间当为光绪元年（1875）五月。此禀稿不见于《陈集》，具有重要的文献价值，可补陈宝箴署理辰沅永靖道任上公文之缺失，同时亦有助于其时苗疆利病、政治源流、吏治得失以及陈宝箴苗疆治理思想与实践的研究。

湖南巡抚王文韶接禀后，回复以一个较长批语："阅禀，于苗疆利病、政治源流，言之历历，而推其本于吏治之得失，可谓探骊得珠矣。所陈复津贴、资久任、议调剂三条，又为整饬吏治之本。应如何酌筹款项、妥定章程之处，仰布政司通盘筹画，悉心议拟，详候核奏。至苗弁有管辖稽察之责，应在本里举充，庶几彼此安习。若如所禀，近来每多他里之人营充贿夺，相距数十百里，但索漏规，事皆莫办，尤为积习之甚者，应即责成该道重申禁令，实力革除，以苏苗困。另单所拟疏浚沱江一节，便商便民，诚为地方百世之利，俟查勘确实后，并即绘图贴说，赍院核夺。如就地筹款，不敷工用，仍当由本部院督同藩司，量为筹济，以赞其成。苗疆生计艰难，民苗交困，固无日不出本部院念虑中，而亟思所以补救之也。另单抄发，由司录批，先移该道知照，仍候督部堂批示。缴。"① 对禀稿给予了"探骊得珠"高评，所提各项举措亦照单全收，并责成有关部门通筹妥议，尽快落实。

三　河南河北道、直隶藩司任内佚文

（一）《龙壁山房文集叙》

清光绪六年四月十七日（1880 年 5 月 25 日），陈宝箴奉旨补授河南河北道。到任后，将其于同治八年（1869）居京师时从厂肆所获王锡振文稿授刊，次年九月刊成，名为《龙壁山房文集》。该文集中有《叙》一篇，署名为"义宁陈宝箴"。兹录《龙壁山房文集叙》② 全文如下。

　　右龙壁山房文百有二篇，次为八卷，凡八万四千余言，马平王定甫先生锡拯之所撰也。先生一字少鹤，以文行名一时。既殁，而遗文放失不可复睹，师儒闵焉。岁己巳，余居京师，尝从厂肆得先生今稿，手所屝易累半。既官湖南，惧遂淹沦，思永厥传，以晓学徒。光绪庚辰，改官河朔，乃以授刊，明年九月而工竟，为之叙曰：

　　自有明归氏擅欧、王之传，独以古文辞义法推重于世人。国朝方

---

① 以上禀稿及批均见但湘良纂《苗防屯政考补编》一卷附一卷，清光绪十六年（1890）辰沅道署刻本。

② 此叙辑自王锡振《龙壁山房文集》，光绪七年刻本。

先生苞文之以经术，其言益尊于时。其乡刘氏大櫆、姚氏鼐之徒，申引推大，煽而愈张，海内宗之，所称桐城派者是也。方、刘既殂，姚先生岿然为老师，徒党相和，桐城家之言几遍天下。后数十年，上元梅曾亮氏最称高足弟子，复守姚氏之绪，讲艺京师，四方魁杰笃敏之士萃焉。当是时，梅先生之学大昌，颇踵迹姚氏。先生亦与其乡朱氏琦、龙氏启瑞治术业相高，且于梅先生游处讲习，最号为有名者也。

窃以文章之不敝，亦不敝于其心之所至而已。涵诸古而不诬，征诸己而不馁。其一时兴废盛衰之间，类曹好曹恶，异同攻尚之习，竞以为胜，非君子之所汲汲也。桐城家之言兴，相奖以束于一途，固以严天下之辨矣。而墨守之过，狃于意局，或稍无以厌高材者之心。然而其所自建立，究其指要，准古先之言，皆足达其心之淑懿。条贯于事物，倡一世于物，则乐易之途。以互殚其能，而不为奇论诡辨，淫志而破道，阶于浮夸之尤。传曰："言有宗，出辞气，斯远鄙倍。"盖庶几有取焉。

先生早孤，育于姊。通雅怀，练世事。既位于朝，益务自见。咸丰纪年，寇乱起乡里。先生愤切，从军湘粤间，所画策，时帅不能用，寇以鸱张，而先生亦由是弃去。及以部郎入直军机也，凡平寇方略，诏旨所规设，多先生手制以进。其言恺明，为益天下大计甚钜，识者以谓先生非仅文士而已。然先生之所为文，虽若敛逴，无瑰玮桀特之观，而类情指事，啴谐通怨，肖其心之所自出，而寓于不敝，以视桐城诸老儒先所得之美，未有以异。此殆百世而可知，非余一人暧姝所私言也。①

光绪七年辛巳九月，义宁陈宝箴叙。

李开军先生所编《散原精舍诗文补编》亦收有此文，文中"余居京师"之"余"则作"大人"，是《龙壁山房文集叙》当系陈三立代父而作。该叙《陈集》未收，许系他人代作的缘故。以笔者愚陋之见，他人代作似亦可收入请代者文集之中，因为这代表了他本人的思想认知，《陈集》中亦收

---

① 陈三立著，潘益民、李开军辑注《散原精舍诗文集补编》（江西人民出版社，2007）所收叙无此语，另以"知言之君子，综考流别，究其终始而尽其变，而览观焉"收尾。

有许多出自幕僚之手的公文，且古代已有先例，如湖南巡抚左辅《念宛斋文补》中，即收有请人代作之《湘南节署又一村记》，仅在标题末注一"代"字，以说明非其本人亲作。今人整理古人文集，他人代作之文亦多收入，同时加注"系由某某代作"字样。

（二）《直隶布政使司陈宝箴为详请事》

清光绪二十年十月十五日（1894 年 11 月 12 日），陈宝箴奉谕补授直隶布政使，随后由湖北起程赴京陛见。次年三月初三日（1895 年 3 月 28 日），陈藩驰抵直隶省城，随即祗领任事。

收录此详之志书，以《直隶布政使司陈宝箴为详请事》为题。文末附："光绪二十一年九月十三日，蒙兵部尚书、直隶总督部堂王批，如详立案。册存，此缴。"据此，可知此件系陈宝箴在直隶布政使任上给兵部尚书、直隶总督王文韶的一件公文，时当在光绪二十一年（1895）九月。

> 窃据望都县知县李兆珍禀称，该县赋役皆重于他州县，赋几与南省埒，役不独重于他属数倍，即较之大道各州县中亦将增重一倍，备叙差重民因〔困〕情形，请援照新乐县成案，每年提拨银三千两，按照村庄大小、差徭轻重，津贴民间差徭，由公差局董具领办理，请示遵等情到司。
>
> 因查望都县地当冲途，供亿甲于他处，且地瘠民贫，向计亩匀摊，加以近年逃亡卖地之差又摊于各户，因之本境户少差重，穷户愈贫，困顿颠连，不堪其累，自系实在情形。所请援照新乐县之案，于良、涿、清三州县公帮工料银内，提拨银三千两，津贴差徭。唯该三州县帮款，一为省会首邑，一为出京首站，差务较繁而设，所领又系由司库公摊廉银发给，若再均拨协济他处，势必不敷，供差借口贻误。况新乐县系调剂县官，须与此举专为调剂贫民者不同，不便援照办理。而该县差繁户少，应差困累又不能不设法筹济，以苏民困。
>
> 查有光绪十五年间，前司详明动拨不报部之款，发交保、正、易、定等府州属当商成本银八万两，按年八厘、每岁收息银六千四百两，尚无待支专款，拟请每年匀提银三千两，帮贴该县贫户纳差。但所请发交公差局绅董领办，日久不无弊混，必须立法妥善，使官绅不能干

没，民不能巧避，庶拯救济贫为有实际。当饬将津贴之款，责成由县出示晓谕，立碑具领，转发分晰，开具贫户应纳某某差徭，村庄里居花户细差，禀复核办去后。

兹据该县李令禀称，随交城乡公正绅董公同商酌，查得阜县岁办各项差徭不一，应以派办车辆为大宗。旧章额设路车五百九十八辆，系阖邑挨村派办，免派者仅止五村。班车、号车向系相间派定，有号车则无班车，有班车则无号车。班车现存八百四十九辆，系沈家庄三十三村应办；号车现存五百五十九辆，系白陀等二十村庄应办。又派交车价京钱四百一十千零八百文，系因从前额设号车尚多，入号当差，往往有车无差，反多空闲。是以将王家营等十四村庄应办号车，酌量折车，以备长车短价之用。又阜县儒学教谕车价京钱一百二十八千文，训导车价京钱一百五十千文，前禀漏未叙及，刻已查明，系因从前两学赴省，应送院、府两考来往需用车辆无力雇备，是以将东孙村等九村庄应办号车拨归两学，折价备用。此外，栗家村等三十七村庄应办班车、号车，均已无存，查系从前县署及两学折车尚多，典史衙门亦有拨折车辆，均已渐次裁卖，是以该村庄等现无号班车辆。惟日久年深，究竟如何裁卖，亦属无凭稽考。现在路车、班车、号车三项实共额二千零六辆。阜县及教谕、训导三署，共折价京钱六百八十八千八百文，按京钱四千五百文合车一辆，共合车一百五十三辆。四项统计，共合车二千一百五十九辆。均系年例应办差车，每年摊办，为款甚巨。阜职当与城乡绅董通盘筹计，悉心核议，除岁供号草、考棚板片、应差夫役，折交马价，为数较轻，文武会试及拔贡朝考之年，加派路车，均非年例车差，仍各循旧派办。遇有兵差过境，派办车辆，每辆悉照旧章，发给京钱一千文，如蒙借领银两，随时酌量加发，均无庸以所领前项银两津贴外，拟将所领银三千两，津贴年例应办差车二千一百五十九辆，牵匀核计，每车一辆应津贴银一两三钱八分九厘五毫三丝，照数分发各村，雇备车辆。如有不敷，仍由民间自行摊补。并拟将某村额车若干、应领银数若干，核明造册，详请备案，刊碑竖立大堂。一面照拟告示，按村各发一张，饬用木板张贴，上罩桐油，悬挂公所，俾众周知。每五年更贴一次，以免日久损坏废弛。所请银两，拟于年前如数领出，饬令城乡绅董督同库兵两房，眼同各钱铺，当堂折〔折〕

封，按照各村应领银数，平兑足数，不准丝毫短少。定于十二月封印以前，择日示谕，当堂发交各该村公直绅董，督同地保，如数具领备办。次年车差，其各村车数、银数，先行分别四路，各造总簿一本，用印存房，并按村车数、银数注明，每届发银时，饬令执簿呈堂，与存房印簿均各注明某年月日、某村某人领出银两若干，将两簿盖用骑缝印一颗，以资稽考，毋庸饬具领状，反易散失无凭。该承办书役人等，不得需索分文领费。各该村所领银两，或公同存储，自备车辆，或托交班役代雇车辆，悉听民间自便。阜县民情久为差徭所困，今将津贴银数，按村晓谕，妇孺均有见闻，经手之绅董、地保断不敢稍有侵蚀，致干众怒。阜职前禀此项银两，官若侵蚀，照吞赈例严办；绅董、地保若敢侵蚀，亦请照此严办，俾知有所儆畏。如此明定章程，实惠既可均沾，旧制不致再泯，官绅可杜侵蚀之渐，胥役可免需索之虞，诚为公易平允，不烦不扰，简便易行。以后官民果能认真遵守，绝不致滋生弊窦。至阜县各村差徭，向归地保经理，其有公差局者，或积钱存放，或置地收纳租钱，借以贴办差务，局董仅止经手。此项钱地，并不同办差徭，办理甚属妥善。惟地瘠民贫，阖邑立局者不过十数村庄，现经有此津贴，拟照前禀，饬令一律仿照立局，各就其村庄，选择上中户公正三五人，充当局董，经营钱项银款，督饬地保勤慎办差，既可互相牵制，并使村中咸知，更觉责有专归，不敢藉端滋弊。是否允当，伏候宪裁示遵。等情。据此。

本司伏查直隶首近京畿，差务纷繁，不能不藉资民力。据禀，该县供亿独重于他属数倍，地舆广，户口多，田土厚，犹可勉强支持。无如地狭户少，以蕞尔硗瘠之区，赋役交重，日朘月削，民不聊生。县境为民困者，路车、班车、号车并儒学车折价四项，统计车二千一百五十九辆，均系年例应办差车，每年摊办，为数甚巨。经该县令与城乡绅董通盘悉心核议，除岁供号草等项，均非年例车差，仍各循旧派办，遇有兵差过境，派办车辆，每辆悉照旧章发给京钱一千文借领银两，随时酌量加发，毋庸以前项银两津贴外，所领银三千两津贴，年例应办差车二千一百五十九辆，牵匀核计，每车一辆，应津贴银一两三钱八分九厘五毫三丝，照数分发各村，雇备车辆。如有不敷，仍由民间摊补，并将某村额车若干，应领银数若干，核明造册，详请备案，刊碑竖立大堂。一面照拟告示，按村一张，用木板张贴，罩油悬挂公所，俾众周知。每届五年，更贴一次，以免损坏废弛。所请银两，于年前领出，公同拆封，各兑各村，不准丝毫短少。定于十二月封印以前，择日示谕，发交各村公正绅董，督同地保，如数具领备办。次年车差，其各村车数，先行分别四路造册，用印存查，按村各发一本。领银时，饬令执簿呈堂，与存房印簿均各注明领银日期、数目，将簿用骑缝印一颗，以资稽考，毋庸饬具领状。严禁承办官绅书役人等，不得侵蚀，需索分文，如违严治其罪。各村所领银两，或公同存储，自备车辆，或托交班役，代雇车辆，悉听民间自便。所议秉公平允，不烦不扰，甚属妥协，应请准如所议。自光绪二十二年为始，由司于库存不报部保、正等属当商生息银内，每年提拨津贴该县车差银三千两，即自今岁年底起，预期赴领，分交办理，庶民困渐苏，不致再有苦累矣。

除禀批示外，所有筹议望都县因差重困累，酌拨民间车价津贴缘由，是否有当，拟合照录城乡各项差车数目清册，具文详请宪台查核，俯赐批示立案，实为公便。为此备由具呈，伏祈照详施行。计呈送照录清册一本。①

四　湖南巡抚任内佚文

担任直隶布政使未及一年，陈宝箴即于光绪二十一年七月二十四日（1895 年 9 月 12 日）被擢升为湖南巡抚，是年九月初二日（10 月 19 日），陈宝箴起程入京，途中接奉"毋庸来京请训"之旨，随即转往天津，航海赴湘，十七日（11 月 3 日）莅沪，十月十一日（11 月 27 日）抵达湖南省城长沙，次日接印。

陈宝箴曾在湖南候补多年，情形熟悉，人脉深厚，得湘抚一职，甚合其意，乃决心大干一场，"营一隅为天下倡，立富强根基，足备非常之变"②，

---

① 王德乾修、崔连峰等纂《望都县志》卷 3，民国二十三年（1934）铅印本。
② 陈三立：《皇授光禄大夫头品顶戴赏戴花翎原任兵部侍郎都察院右副都御史湖南巡抚先府君行状》，《散原精舍文集》卷 5，李开军校点，上海古籍出版社，2003。

在赈灾济民、整顿吏治取得初步成效后，即将主要精力投入到"立富强根基"上来，进行了一系列大刀阔斧的改革。陈宝箴一生之公文，以任职湘抚期间最多，以下两件系《陈集》中所遗漏者。

（一）《湘抚陈湖南牙帖仍归藩司办理片》

　　再，湖南牙帖捐输，仿照湖北章程，改由厘金局劝办，曾于光绪十一年经前署抚臣庞际云奏明，奉旨允准。行局遵照详定章程，督饬省局员绅，先由省城试办。复遴选正绅，分赴各埠，会同各局委员，分别筹劝。计自光绪十一年十一月开办起，至十九年九月止，所收牙捐银两，除经开支局用外，均经汇解善后局，并将行户姓名及开设埠头、应纳税银，一并造册，咨送藩司衙门在案。

　　旋因开办已久，应捐应换之帖，均已捐换殆尽，于光绪二十年详请停止，以示限制。如有捐请牙帖事宜，仍循旧制，归藩司衙门办理。复经前抚臣吴大澂批饬，认真清查，无庸遽请停截。迄今又逾数年，并无新捐牙帖之事。即间有呈请换帖者，无非将往年废帖，改色易埠，或将故帖冒顶领充，照原捐则例缴半，希图蒙混取巧，争埠射利。一经换给，立见讼狱繁兴，扰累实甚。且并此亦属无几，而原用帖照，均经填竣，既未便零星咨取，又难凑集成数，无从造册咨解。盖以从前开办已逾十年，所有繁盛之区以及城乡市埠，均已清查殆遍，延至于今，势成弩末。若不停止，示以限制，奸民妄生希冀，徒烦案牍，无补于公。当此饷项支绌，如能捐集巨款，裨益饷糈，自当设法维持，认真办理。无如体察情形，断难捐收踊跃。查定例，捐收牙帖，应由藩司衙门经理，拟请嗣后凡有捐请牙帖之事，仍统归藩司衙门办理，以符旧制而一事权。据湖南厘金总局司道，详请分别奏咨前来。

　　臣复加查核，所请实在情形，除咨户部外，所有湖南牙帖，仍归湖南藩司衙门办理缘由，理合会同湖广督臣张之洞，附片具陈，伏乞圣鉴训示。谨奏。

　　奉朱批："户部知道。"钦此。①

---

① 《萃报》1897 年第 18 期。

牙帖是清官府颁给牙行之执照，例由牙侩向官府申请，统由各省布政使司颁发，持照方准营业，但亦会因形势需要而有所变化。陈宝箴此片，反映了牙帖捐输在湖南的演变情况。清光绪十一年（1885），湖南牙帖捐输仿照湖北办法，改由厘金局劝办，光绪二十年（1894）详请停止，仍循旧制，归藩司衙门办理。吴大澂后又认为毋庸遽请停截，陈宝箴此片则再申改归藩司衙门办理之议。

（二）《湘抚陈兴办内河轮船批》

此批见于《萃报》，前有按语："鄂绅吴道锦章等禀请兴办内河轮船，会同湘绅设局合办，兹由湖南巡抚陈中丞批其禀云。"其批文如下。

> 据禀已悉。湘绅兴办内河轮船，业准督部堂咨会在案。嗣经湘绅议请两省合办，既据该绅等意见相同，拟两省会同设局办理，甚为妥协。应俟该鄂绅等会议章程，呈请督部堂与湖北抚部院暨本部院会核奏咨立案，并应请两省发给各轮船护照，以凭查验。此举便商便民，亦即为自保利源之一端。两省诸绅智识深远，诚能和衷共济，历久不渝，此公权则私存，义权则利存之道也。仰即查照，并候督部堂、湖北抚部院指示遵行。光绪二十三年九月日。①

陈宝箴上述禀批，《陈集》存有《湘绅禀请兴办内河轮船批》目录，注明了出处，并云"搜寻暂未能得，附志于此，尚待他日补入"。想此即该书编者尚未寻得之件。

湖南内河轮船的兴办是湖南交通运输近代化的开端，有关这方面的湘绅公呈、总督批文、大概章程、往来书信等公私文献，散见于《湘报》《两湖轮船局公牍》《张之洞全集》《蒋德钧辑》等著作中，《湘抚陈兴办内河轮船批》的发现，弥补了以往关于此问题研究中湘抚批文缺失的遗憾。

湖南内河行轮之议，首倡于郭嵩焘，并有酿资集股之议，但遭守旧势力的反对而胎死腹中，后谭嗣同、唐才常曾重倡此议。清光绪二十二年（1896）

① 《萃报》1897 年第 13 期。

三月，熊希龄、蒋德钧等开始筹办湖南内河行轮事宜，得到陈宝箴的支持。熊、蒋于是联合著名绅士王先谦等具衔《上湖广总督请办湖南内河轮船公呈》，并于是年初夏至武昌进谒张之洞。张先是推拒，直到次年春方才批准，但提出必须鄂湘"同沾利益，以昭公允"，遂有官督商办的鄂湘善后轮船局的成立。鄂湘善后轮船局于汉口设北局，于长沙北门外平浪宫设南局。清光绪二十三年（1897）秋，南局公董蒋德钧等租用抚院官轮试航成功。

五 革职后所作《孔刚介公神道碑铭》

清光绪二十四年八月二十一日（1898年10月6日），朝廷以所谓"滥保匪人，实属有负委任"的罪名，将陈宝箴"即行革职，永不叙用"。九月十七日（10月31日），陈宝箴办完交接手续，离开长沙，踏上了返回原籍江西之路。

陈宝箴守藩直隶时，有新城县知县孔宪高携来其父孔昭慈行状，请为撰神道碑铭，但陈宝箴一直没有完成。直到清光绪二十五年己亥（1899），革职赋闲在家的陈宝箴才完成多年前所欠下的这笔文债。兹加校点，录呈于后。

同治元年壬戌某月某日，台澎兵备道曲阜孔公殉难于台湾之彰化，以某年某月归葬于曲阜祖茔之次，而墓道之文缺如。越三十四年乙未，宝箴守藩直隶，公季子宪高为新城县知县，以状来请。

公讳昭慈，字文止，孔子七十一世孙。曾祖讳传炯，江南布政使，诰授通奉大夫。祖讳广禧，举人，候选知县。妣某氏。自布政公由曲阜迁寓清宁，三世皆用公贵，赠资政大夫，妣皆二品夫人。

公自少力学，敦志节，慕海忠介之为人。道光十三年成进士，改翰林院庶吉士，散馆授广东饶平县知县。母忧服除，改福建古田县知县，调闽县，历署沙县、莆田知县，摄兴化通判、邵武同知，所至有惠爱。尤善捕盗，得剧盗，立置之法而宥其从，使各捕余盗，盗发辄得由是解散。在沙田，兴农桑之利，莠民远迹。莆民有私斗者，辄相戒曰"勿贻孔公羞"。迁鹿港同知，已擢台湾知府，除兵备道。其间整饬盐政，穿台、嘉两邑之渠溉田，所设施皆为民规久远。凡官台湾十有四年而难作。始，彰化民戴万生潜结社聚徒众，公戒彰化知县密侦之。知县以民自为团练，不之问。台湾民性喜乱，公至台，反者已六起，公皆预设方略，应时捕灭。戴万生之起，治嘉义，反者甫定，反书闻，公方卧病，立出私钱，募勇舁疾入守彰化城。淡水同知秋日觐为前锋，遇贼战死。先是贼闻公之速至，犹疑畏怀两端，及邂逅戕日觐，遂胁众进薄城下。公激厉士卒，拒守三昼夜。有为贼内应者，夜开门纳贼。公麾兵巷战，被重创。贼中识公者，趋前欲负公还郡。公不可，令掖送至彰化孔子庙前死，年六十有八。

台湾悬隔海东南，自初定时设总兵官，一主兵兵备道，一加按察使衔，治吏事有急，故兵备道得奏事，而署总兵官名其前，额置戍兵，三岁一渡海，与内地兵相更代。道光末，更戍之制弛，兵额日益侵耗。公自知台湾府，三上书大府，论戍兵空籍，当饬总兵汰疲弱，益募土人骁勇充补，备缓急，不省。及为兵备道，乃仅得按故籍选用其材武。会粤寇犯闽，省中征调急，发兵内援，所遣彰人林文察，后击贼为名将，公所拔之于狱者也。然自是台湾备益虚，变起，兵官既疲老不任事，公仓卒召募，军仓器械都不具，故及于难。事闻，赐祭葬，祀昭忠祠，赏其子骑都尉世职。台湾人又以请复昭建专祠台湾，予谥刚介，国史馆立传。巳又允建祠于其乡。配郑夫人，继配杨夫人。生子二，曰宪曾，翰林院编修；曰宪高，直隶新城县知县。

公廉于财，其为治究切利病，务使实惠及人，不为声誉，而遇义所当为，无毫厘顾虑。咸丰八年，朝旨许泰西各国通商台湾淡水，公力争台湾乃郡城，民夷逼处，为不便，卒与西国领事改义〔议〕开市沪尾，其智勇有足多者。彰化之役，贼众十倍官军，人谓宜待内地兵大集乃赴救，即赴救，见事危，可退守郡城，图恢复。公一不为动，以职在守土，不当避难求苟活，毅然不欺，其志如此。自公没后，台湾变迭起，今且遂沦为异域。使公而在世，其愤恨当何如？于宪高之来请铭，揭公之大节于碑，益不能无感云。铭曰：

运屯东南，姎徒揭竿。如障江河，万首并攒。莽莽台澎，负海一隅。迹阻势遐，孰究孰扶。帝简贤良，公来自东。迄十四年，焦心瘁容。抚其榛狂，奸顽弭伏。穿渠行盐，载以煦育。夷市初开，氓吏惊恒。抗言庭争，处之区脱。难发不虞，下邑狂獗。奋袂兴师，星颓云黟。虚备养痾，柄非由已。宁惜一身，以赎人纪。闵嵩万众，失声所亲。归元故耶，川岳诞灵。自天有命，襃德悼忠。阅世镌辞，永奠穹窿。

　　清光绪二十五年，岁次己亥月榖旦。①

　　陈宝箴兼具治才与文才，郭嵩焘曾对其称赏不已，"其才气诚不可一世，而论事理曲折，心平气夷，虑之周而见之远，又足见其所学与养之邃也"②，本文所辑可为郭氏此语的又一注脚。

---

① 孙永汉修，李经野、孔昭曾等纂《续修曲阜县志》卷 8，济南同志印刷所民国二十三年（1934）铅印本。文末时间中的"清"疑系志书编纂者所加。
② 郭嵩焘：《题陈右铭文集后》，载梁小进主编《郭嵩焘全集》第 15 册，岳麓书社，2012。

张祖同文二篇辑释[*]

马延炜^{**}

摘　要：作为清季湖南地方社会中的知名词人与活跃士绅，张祖同在诗词创作中的成就及在戊戌湖南维新运动中的活动一直较为学界所重视，但对其人著述资料的整理却相对薄弱。张祖同去世后，其子张式恭曾将乃父诗词汇辑、刊刻，但对文章的整理却一直没有进行，这在一定程度上限制了对张祖同研究的深入。本文辑录并整理了二篇散见的张祖同文章，冀有助于学界对该人的进一步研究。

关键词：晚清　张祖同　湘学

张祖同（1838～1905），字雨珊，晚号狷叟，湖南长沙人，同治元年（1862）举人。祖同出身世家，祖父再英，嘉庆元年（1796）进士，官广东海丰知县。伯父沄，字竹汀，咸丰三年（1853）进士，以刑部主事迁员外郎，任监察御史，有直声。父启鹏，字幼滨，号蔗泉，道光十五年（1835）举人，曾游两江总督裕泰幕，辞归后相继主讲安陆、石鼓等书院，著有《心言约编》《无垢静室时艺》等。祖同为启鹏长子，另有弟百熙，字治秋，同治十三年（1874）进士，曾任工部、礼部等部尚书，派充管学大臣，主持京师大学堂，于清末教育事业多所创建，卒谥"文达"，是清朝末年具有重要影响的朝廷重臣之一。

张祖同擅长诗词，系"湘中六家"之一。去世后，其子张式恭于民国初年将诗词汇编为《湘雨楼词》《湘雨楼诗》二书出版。叶德辉读后认为，晚清湖湘词坛诸家中，以王闿运、张祖同成就最高，"二老于词用力至深，侍读（指王闿运）力追北宋，观察（指张祖同）则学白石、白云，以视三

---

　* 基金项目：湖南省社会科学院 2020 年度智库研究专项课题"近代湖南的学术世家与文化传衍"（20BMZD03）。

　** 马延炜，湖南省社会科学院历史文化研究所副研究员，历史学博士。

子者固高出一头。然侍读尚不如观察审音定律之精密也"，并认为陈锐（字伯弢，湖南武陵人，有《袌碧斋集》）等人的词学成就虽经海内词家推许备至，"然亦不如观察之精微高洁，秀出一时"①。朱祖谋在《清词坛点将录》中，将张祖同比附为天究星没遮拦穆弘，钱仲联的《光宣词坛点将录》则将其比附为地强星锦毛虎燕顺。《湘雨楼诗》虽因传本较少而未广受关注，但其以写实的笔法描绘了清末湖南的自然风光和社会景象，抒发了作者对个人境遇的感慨，对于深入了解清末湖南地方社会、重塑张氏生平等均有重要作用。②

吟诗填词之外，张祖同也十分热心于地方公共事务，是清末湖南地方社会著名的活跃士绅。戊戌湖南新政期间，他与陈宝箴、王先谦、叶德辉、黄自元等往来密切，前期思想较为开明，参与创办了善记和丰火柴公司、湘裕炼矿公司、宝善成制造公司等多个工矿企业，创造了湖南近代工业史上的多个第一，后期政治立场趋向保守，列名于长沙守旧士绅攻击时务学堂的《湘绅公呈》中。

值得注意的是，民国初年，张式恭在整理乃父遗作时，只将其中的诗和词进行了整理，并未涉及文章。究其原因，很可能是篇章零落，文字漫漶。张祖同原拥有一刻书处"湘雨楼"，并曾于光绪二十一年（1895）整理刊刻明"弘正四杰"李梦阳、何景明等人的诗集共五种78卷，其悼念亡妻的词集《湘弦离恨谱》和关于择日选方的《诹吉述正》两部个人作品也分别于光绪七年（1881）和光绪二十三年（1897）刊刻，但其他诗词文章却一直没有结集刊刻。王闿运曾说："雨珊亦有书局，顾不肯刊己作，词稿丛残，多不可辨，有类如竹垞手笔。"③ 张式恭也在整理其父词集时，因其中"有涂乙至不可辨者，未敢肊断，以方罫代之，存其真也"④，被王闿运认为"非子刻文集所宜"⑤。词作如此，文章更可想而知。

---

① 叶德辉：《郋园读书志》卷16《湘雨楼词三卷步清真词一卷湘弦离恨谱一卷》，上海古籍出版社，2010，第742页。

② 参见拙文《其名虽诗　实亦为史——张祖同及其〈湘雨楼诗〉》，《书屋》2017年第9期。

③ 王闿运：《张雨珊词序》，载马积高主编《湘绮楼诗文集》第1册，岳麓书社，2008，第287页。

④ 张式恭：《湘雨楼词跋》，载冯乾编校《清词序跋汇编》第3册，凤凰出版社，2013，第1225页。

⑤ 王闿运：《张雨珊词序》，载马积高主编《湘绮楼诗文集》第1册，第287页。

最近，笔者在阅读史料的过程中，陆续发现了二篇张祖同文章，特将其辑出并略加注释，冀有助于学界对其人的进一步研究。

十二梅花书屋诗序

刘舍人①有云，在心为志，发言为诗。是以舒文载实，必本恻隐之义；弹毫属笔，必讨风会之变。润钟嵘②之丹采，闻者动心；辨沈约③之宫羽，因之制韵。若徒靡声脆骨，瘠义肥辞连篇，月露之形；无病呻吟之习，风人掇采。慨王泽之既湮，骚雅斯微；叹正声之不作，江河日下。彊畛代分，流弊益滋，芜累弥甚。

尝与吾友郭君子瀞论诗，有同志焉。子瀞，名父之子，早岁能文，森森和峤④之容，亭亭孝伯⑤之誉，季伦之迈流俗。少有大志，陆机⑥之富文藻，独冠当时。尤嗜声诗，熟精《文选》。当其晦明一室，上下千古，陈思揖让，如在建安之年。嗣宗咏怀，欲追小雅之作。少年结客，登高能赋，南皮之会，人成五言，山阴之叙，幽情一咏。灵蛇自握，独伟长之擅名，孔翠群翔，顾王筠⑦而多愧。遂尔驾言出游，望古遥集，高山寄景行之慕，沧海有昔游之篇。吊榛莽于遗墟，感兵戈于故垒。燕南赵北，竞绣平原之丝。吴歈越吟，奚减兰成之句。一行作吏而此事不废，千里怀人而其音肆好。谢太傅⑧之哀乐感于中年，苏叔党⑨之

---

① 刘舍人，即刘勰（约 465～约 532），字彦和，曾官昭明太子萧统的东宫通事舍人，为南朝齐梁间文学理论批评家，著有《文心雕龙》。

② 钟嵘（约 468～约 518），字仲伟，颍川长社（今河南长葛）人。南朝人，所著《诗品》为我国第一部诗歌批评专著。

③ 沈约（441～513），字休文，吴兴武康（今浙江德清）人。历仕宋齐梁三代。官至尚书令，为南朝著名文学家、诗律学家、史学家，著有《宋书》。

④ 和峤，字长舆，汝南西平（今河南舞阳）人。曾被贾充荐于晋武帝，任给事黄门侍郎，迁中书令。

⑤ 孝伯，即王恭（？～398），字孝伯，太原晋阳（今山西太原）人，光禄大夫王蕴之子，晋孝武帝王皇后之兄。少有美誉，清操过人。

⑥ 陆机（261～303），字士衡，吴郡吴县（今江苏苏州）人，西晋著名文学家、书法家。

⑦ 王筠（481～549），字符礼，一字德柔，琅琊临沂（今山东临沂）人，南朝梁文学家。

⑧ 谢太傅，即谢安（320～385），字安石，东晋陈郡阳夏（今河南周口大康）人。曾任司徒府佐著作郎，后隐居于会稽东山，复出后官至宰相，卒赠太傅。

⑨ 苏叔党，即苏过（1072～1123），字叔党，自号斜川居士，宋眉山（今属四川）人，苏轼子。工于书画，擅诗词，时称"小坡"。

歌行传其家学。其为诗也，析辞炼骨，传音振逸。其气厚，故繁采皆谢；其旨深，故灵响自结。诸格之变，斟酌于古风；订律之细，不待夫晚节。天乐独奏，冲襟远标。若江月夜晴，水有空明之色；山雨晓过，林有清苍之气。春花未落，闻鸟鸣而径幽；素琴偶张，送鸿飞而天远。冷然、蔚然，固非争一字竞一韵之奇巧已也。

余与君交垂二十载，苔岑并色，笙磬同音。南山北山，憩松林之夕阴，旧雨新雨，挹草堂之余韵。相与唱酬风雅，扬搉古今，各摅四候之情，共有千秋之想。靖节之和，常侍眷念，云山明远之从，中郎纪游；石室芳草未歇，浮萍易分。间以关河又弥年岁。比君归自湔江，余仍戢影故里，坠欢新拾，未及蒹葭之老，寒修可期，无忘蕙兰之采。每有造述，辄复商订。延之有作，时以问人。休文相要，叹为真赏。顷属为序，其何敢谢。夫功之既深，则菁英可挹。源之既探，则流派胥正。雅音未坠，庶乎可传。古人虽远，恍今如诏，则成连之操，沧海情移，司空之辞，空潭春泻，而君之诗益自此远矣。

长沙张祖同

按：是文为张祖同为郭庆藩诗集《十二梅花书屋诗》撰写的序言，载该集卷首，湖南图书馆藏有光绪十五年（1889）湘阴郭氏泊然庵刻本。同时为该集撰写序言的还有朱克敬、皮宗瀚等多人。郭庆藩（1844—1896），原名立埙，字孟纯，号子瀞，湖南湘阴人，郭崑焘子，郭嵩焘侄。郭庆藩早年科举不顺，后援例得任通判，保叙浙江知府，以道员转江苏，曾主持扬州运河修浚事宜。除了担任官职，郭庆藩在文字学、诸子学等领域也有研究，有《庄子集释》《说文经字正谊》等传世。

张祖同与郭庆藩同为世家子弟，交往密切。郭庆藩在江苏任上时，曾致信张祖同，言及运河疏浚事宜。① 该文对于了解郭氏《十二梅花书屋诗》的结集刊刻及张祖同、郭庆藩二人之间的交往情况等，具有一定意义。

说文解字补逸序
夫文字者，经籍所本，王教斯关。古人用以垂今，今人因以识古。

① 郭庆藩：《郭庆藩书札》，湖南图书馆藏抄本。

昔许慎①嗟俗儒之诡，更叹古意之将绝，遂上溯史籀，下本斯法，商兑古籍，采摭群言，撰《说文解字》十五篇。始一终亥，分别部居，群分类聚，不相杂厕，孔壁遗式，赖以不息，万物咸载，奥矣，萃矣。后世字学皆其法也。魏晋相替，讫于六朝，蔡张吕顾，博闻古艺，羽翼许氏，小形得失，嗣兹俗学，面壁虚造，八分佐书，瓤其所习，行草烦乱，厥体斯坠，孳乳浸夥直去之，故隋唐而降，诂训音读半宗许说，逐字征引，多赖区别。李少监②素号工篆，手为写定，不能墨守，旧说改窜，笔迹纰缪，特许氏本旨于焉失真。经籍遂息，谁为厘订，嗟夫！字学湮废，于斯为甚，淆乱遗脱，不可殚究。南唐二徐③，特善仓雅，尤达说文，各执一见，以习斯业，汉代遗作流传罔替，二徐之功厥云伟矣。鼎臣之识，逊于楚金，一书之中，缀附删改或颇未当。徐去唐未远，校定时有集书，正副及各藏本，使穷思毕精，参互旧本，缀拾遗漏，增修事类，矫正李监，排斥鄙习不已，造功于叔重，有埤于将来哉。许氏去今二千余年，其间传写之讹逸，臆断之羼附，岂止什一。乾嘉之后，治小学者难以指屈。段、桂二家④，崛起于中，是能覃精音？博胪经艺，体大思细，不相轩轾，洵足箴盲起废，绍古启今。然于亡逸之文，犹多未尽，安邱王筠⑤审正讹脱，遵修旧文，其《说文释例补篆》一篇，皆取《说文》古籀篆文偏旁及见于解说中者，其悉

---

① 许慎（58～147），字叔重，汝南召陵（今河南漯河）人，东汉著名文字学家，著有《说文解字》。

② 李少监，即李阳冰，字少温，唐代赵郡（治今河北赵县）人，官至将作少监。工书法，尤擅小篆，为李斯后小篆第一名家，后世篆书者多宗之。李阳冰曾刊定《说文》，然多有臆说，南唐徐锴曾著《说文解字系传》辩驳。自二徐本《说文解字》行世，李书不传。

③ 南唐二徐，即徐铉、徐锴兄弟。徐铉（916～991），字鼎臣，扬州人，五代至宋时人。南唐时任翰林学士、吏部尚书。入宋后，为散骑常侍。曾奉诏校订《说文解字》，世称"大徐本"。徐锴（920～974），字楚金，扬州人，徐铉弟。累官内史舍人。著有《说文解字系传》，世称"小徐本"。

④ 段、桂二家，即《说文解字》研究史上具有重要影响的清代段玉裁、桂馥二人。段玉裁（1735～1815），字若膺，号茂堂，又号砚北居士等，江苏金坛人，乾隆二十五年（1760）举人。历任四川富顺、南溪、巫山等县知县。段玉裁师事戴震，潜心汉学研究，有《经韵楼丛书》传世，所著《说文解字注》三十卷影响极大。桂馥（1736～1805），字未谷，一字冬卉，号雩门，别号萧然山外史，山东曲阜人，乾隆五十五年（1790）进士。曾任云南永平知县，卒于官。著有《说文解字义证》。

⑤ 王筠（1784～1854），字贯山，一字策友，山东安丘人，道光举人。曾官山西乡宁知县。著有《说文释例》《说文句读》等书，合编为《王氏说文五种》。

确然可信，为逸字也。遵义郑珍①又撰《说文逸字》二卷，引据要义，时见燔乱，搜罗典籍，颇未能尽然，别"镏"于"刘"，谬"谅"为"亮"，不使炎汉失姓，武乡阙名，力祛烦惑，斯其大旨。许氏之学，浩譬江海，高拟泰岱，渔猎之下，辄多疑义，详析缺漏，时亦笺记，窃慕古人之轨，企践儒门之辙，用是详考本书，旁证经典，得逸字若干文，一仍许例，系以说解，各次部属，鸠而录之，各家据补不复重记，间有出者，聊用订误，躇讹落脱迭出互见，极知暗短，敢曰撰集，亦割丝满筐，玉屑盈匣云尔。

雨珊

按：是文为张祖同为己作《说文解字补逸》一书撰写的自序。所谓《说文》逸字，是指在先秦经典中或在《说文解字》的解说中使用，却不见于《说文解字》中的字。一般认为，这些字原来收录于《说文解字》，但在后来的传抄中被遗漏了。逸字研究是《说文解字》研究的一个重要方面。历代《说文》学研究者曾在这一领域有过不同程度的贡献。徐铉奉诏校订《说文》时，补逸字 19 字于正文中。乾嘉学者段玉裁所著《说文解字注》，取徐铉所补 6 字，新增 36 字。晚清贵州籍学者郑珍撰写的《说文逸字》一书，将《说文》逸字研究推向了新的高度。

《说文解字补逸》是张祖同撰写的《说文》逸字研究专著，全书共分上下两卷。该书传本极少，《续修四库全书总目提要经部》未著录，目前所见，仅以稿本收藏在湖南图书馆。自序对东汉以来历代学者《说文解字》的研究成果进行了回顾和梳理，对于了解和分析张祖同学术思想、加深对《说文》逸字的研究等，均具有重要意义。

---

① 郑珍（1806~1864），字子尹，晚号柴翁，贵州遵义人，道光举人，曾任古州厅、荔波县儒学训导。著有《说文逸字》《巢经巢诗钞》等。

以湖湘文化描绘时代画像

——评"湖湘文化区域精粹"丛书

刘　麟[*]

　　"湖湘文化区域精粹"这套书的出版，是湖南省经济文化生活中的一件大事，可喜可贺！

　　"湖湘文化区域精粹"就像一位学识丰厚的长者，用深刻的论述、丰富的史料、鲜活的事例、翔实的数据，特别是用发展的眼光，把湖湘文化的历史源流、文化地位、精神特质，以及湖南在当代中国的战略地位，深入浅出地讲给我们听。作为一个湖南人，作为一个从事新闻工作将近40年的湖南人，笔者一直在湖南，不仅为湖南优越的区域、如画的山水、荟萃的人文而感慨，也为湖南在当代中国的战略地位而自豪。这个地位，也就是习近平总书记对湖南的新定位"一带一部"。

　　从全15册"湖湘文化区域精粹"中可以看出，党的十八大以来，在习近平新时代中国特色社会主义思想指引下，"为有牺牲多壮志，敢教日月换新天"的湖南人，紧紧把握新时代湖南"一带一部"战略定位，落实"三个着力"明确要求，不负修复好一江碧水的殷殷嘱托，强化精准扶贫首倡地的责任担当，用湖湘文化精神赋能区域经济发展，富饶、美丽、幸福新湖南的美好愿景，一步一步地成为现实。

　　习近平总书记在北京考察时指出，历史文化是城市的灵魂，要像爱惜自己的生命一样保护好城市历史文化遗产。用文化满足人民对美好生活的向往，是建设和谐、宜居、富有活力、各具特色的现代化城市的有效途径。当前，我国常住人口城镇化率已超过60%。湖南省略低一点，可能没达到国家的平均水平。现在大家都有一种感觉，在中国的大地上，正在经历人

---

　　*　刘麟，《经济日报》湖南记者站站长。

类历史上规模最大的城镇化进程，城镇化进程还带来了什么？毁掉了一些地方的历史文化遗迹，搬来了许多洋派的建筑，造成了千城一面，带来了人与人之间关系的疏离。我国只用了 20 年的时间，完成了西方国家 60 年甚至 100 年的城镇化进程。但是实际上对于城市建设，对于社会发展特别是文化的传承，还是带来了很大的伤害。现在，无论是进城的人，还是新园区的原居民，大家都以城市为故乡，对于何处去找乡愁，许多人心中都存在困惑。所以，"湖湘文化区域精粹"丛书从整个湖南省到 14 个市州，从作为全省总论的《湖南：芙蓉国里尽朝晖》，到描绘长沙的《长沙：长岛人歌动地诗》，再到展现湘西的《湘西：土风苗韵注神奇》，从湖湘文化的共性中挖掘出了 14 个市州的文化个性，讲好了文化共性下不同区域人民不同的乡愁故事，讲好了湖南 14 个市州的区域文化故事。

习近平总书记强调，要深入学习贯彻党的十九届四中全会精神，提高城市治理现代化水平。当前城市治理急需消除工业化、城镇化带来的人与人之间的疏离感，为此，必须关注人的精神生活，必须关注传统文化，必须关注人的心理安抚。这就迫切需要讲好不同地方的乡愁故事，用乡愁故事为这里的原居民和各地进入这里的新市民，找到这座城市的根，这个根就是这座城市的区域文化、个性文化，通过区域文化、个性文化感受这座城市的性格，在这座城市留下独一无二的城市记忆，这样也能提升这座城市个性文化的影响力。所以我认为"湖湘文化区域精粹"这套丛书，体现了地方发展的特色，比如说，安化黑茶目前为什么能够在全国乃至全世界的茶叶产业中占据最大分量，在益阳篇中我找到了答案。

"湖湘文化区域精粹"最大的特点，就是为湖湘文化绘出了这个时代的画像，为 14 个市州找到了各自的文化个性，标注了各自的文化符号，绘出了各自的城市性格。所以作为一个搞经济宣传的记者，作为一个湖南人，笔者将努力读好、用好、宣传好这套书。

一部拓荒的地方史佳作

——评《筚路蓝缕 以启山林——湖南古代交通史》
(史前至清末)

王国宇[*]

2014 年我与蒋响元先生在浏阳河畔散步,他说自己正在思考撰写一部从史前到清末的《湖南古代交通史》,要我给他提点建议,并诚挚地邀我参与撰写。当时我因各种事务缠身,担心误事,只好婉拒。此后,他便排除各种杂念,以浓厚的兴趣与强烈的责任意识潜心扑在了湖南古代交通史的研究上,其中的艰辛,自不待言。两千多个日日夜夜过去了,2020年8月,这部洋洋90余万字的著作终于由人民交通出版社付梓印行。欣喜之余,细细品读,不仅被该书丰富的内容所吸引,为其中诸多的新发现、新见解而叹服,同时也为著者不畏艰难的探索精神与严谨的治学态度所折服。

一 厘清了古代湖南交通发展的脉络

交通是人类社会生产生活的基本要素之一,人类社会的发展历史,始终不得不因为与交通史紧密关联而被研究、整理。因此在某种意义上说,人类历史也是一部交通发展史。

湖南位于我国中南部,东与江西交界,南与广东、广西为邻,西与贵州、重庆毗邻,北与湖北接壤。"岭表滇黔,必道湘沅。"湖南承东启西,联南通北,交通历史源远流长。

但对于湖南源远流长的交通历史,此前一直没有人做过系统、全面的研究。长期任职于湖南省交通运输厅史志办的蒋响元先生有鉴于此,不遗余

———————————

* 王国宇,湖南省社会科学院研究员。

力搜罗相关文献资料，穷数年之功，终于撰成《筚路蓝缕 以启山林——湖南古代交通史》（史前至清末），填补了一项湖南地方史研究的重要空白。该书上溯人类起源、扩散和迁徙，下迄近代交通发轫。从旧石器时代栖息洞庭之野的原始人、潇湘之滨的现代人，新石器时代分布三湘四水的三苗、百濮、扬越、荆蛮等土著，到华夏民族和楚人南下、中原人民南迁、交趾胡人内徙、巴蜀流民寓湘以及"江西填湖广"等客居族群，结合社会变迁和王朝更替，阐述了历代先民"披山通道"、改造自然的艰辛和智慧，厘清了古代湖湘文明演进和交通运输发展的历史关系，首次系统理顺了古代湖南交通历史发展演变的基本脉络。

二 丰富了古代湖南交通发展的大量史实

蒋先生在 5 年多的时间里，访问了 10 多家图书馆，查阅了数百种史籍，充分利用考古发掘的最新成果，并不畏艰难地进行田野调研，实地考察 10 余省区市的有关文物遗址与博物馆，整理有关文献和考古资料数千万字，从而使这本书吸收了有关古代湖南交通发展的丰富史料，为来者的研究奠定了坚实的基础。

人类早期交通选择，大致遵循"沿河推进，寻隘拓展"原则，而且交通网络建立、扩展与完善的过程，与生民生活地域的扩大密切相关。新石器时代中晚期，"洞庭之野"的先民就开始以鹅卵石铺砌道路，用火与石斧"刳木为舟，剡木为楫"①。也就是在这一时期，黄河流域先民向南扩张，沅湘土著族群逐步融入华夏文明体系，最晚至虞舜时，中原经湘川出岭南的交通出现雏形。

大禹"岷山导江，东别为沱；又东至于澧，过九江，至于东陵"②。先秦两汉时期，沱江为荆江别称，洞庭地区水系相汇称为"九江"，东陵即城陵矶，这是史料记载的省境第一项航道整治工程。鲁昭公五年（前537），"楚子以驿至于罗汭（今湘阴县境）"③，系省境通驿的最早记录。"朝发轫于

---

① 卜夏撰《子夏易传》卷八，清通志堂经解本。湖南澧县车溪乡的城头山新石器时代城址，有大溪文化时期的桨、舵、板等舟船工具遗迹。
② 《尚书·禹贡》。
③ 《左传·昭公五年》。

苍梧兮"，则是"苍梧之野"道可通车的写照。

楚怀王六年（前 323）鄂君商队溯湘水南下，通行于沅、澧，至于鄙（今永兴）、洮阳（今广西全州）。①周穆王三十七年（前 940），"大起九师，东至于九江，架鼋鼍以为梁，遂伐越"②。鼋鼍为梁，即以扬子鳄皮制作浮囊济渡，系省内舟筏利用的最早文献记录。周宣王五年（前 823）方叔伐荆，"其车三千"③ 是长江中游首见描述的车战。益阳出土"武王戈"，印证了春秋早期楚武王兵伐洞庭之野、"始开濮地而有之"④ 的记载。

20 世纪下半叶以来，望城、宁乡先后发现商周车马器，长沙、湘乡、临澧、澧县、慈利等地楚墓发掘多件车辆遗迹，证实湖湘造车技术与江汉流域同步演进。2002 年里耶发掘秦简，其中有国内最早的邮传里程记载。1973 年，马王堆汉墓出土《地形图》是世界上保存最久的帛绘地图，同出《驻军图》标注"复道"（类似高架桥），反映了潇湘地区的架桥水平。

"就像火药在最后阶段帮助摧毁了欧洲封建制度一样，中国的马镫在最初阶段帮助了欧洲封建制度建立。"⑤ 马镫和高鞍桥马鞍问世，是马具成熟的重要标志，也是古代军事史、交通史上重大事件。而且迄今所知，世界上最早的马镫出现在并非骑乘发源地的长沙晋墓。洪江出土秦汉骑俑，改变了高鞍桥马鞍始于晋代的传统认知。

受军事、政治等因素影响，湖南交通代有兴废。秦汉时期，南岭道路拓辟、湘桂运河修凿，开创了岭南与中原政治统一和文化交流新格局，是交通史上的重大事件，对中国历史演进也产生了深远影响。至清中期，以长沙为中心的驿道网络臻于完备，以洞庭湖为枢纽的内河航运"水道本极环通……指顾可航"⑥，最终形成"岭表滇黔，必道湘沅"的古代交通格局。所有这些，在这本书中均有详细论述，细细品读，犹如进入了一座丰富的古代湖南交通史料宝库，令人倍感收获。

---

① 见安徽寿县出土的鄂君启节（为古代帝王颁发的一种水陆交通凭证）。
② 参见沈约注《竹书纪年注》卷下。
③ 《诗经·采芑》。
④ 《史记·楚世家》。
⑤ 〔英〕李约瑟：《中国科学技术史》，辽宁科学技术出版社，1986，第 242 页。
⑥ 《湖南洋务局请护抚宪通饬各局劝阻兵轮文》，《湖南官报》，光绪三十一年十月二十一日（1905 年 11 月 17 日）。

三 以史为据补往说之不足，创见叠起

作者在撰该书的过程，虽然吸收了前人的成果，但并不盲从，而是以史实为依据，补往说之不足，适时提出了自己的创见。

作者运用传世文献和考古成果，修订或补充了《史记》《水经注》《读史方舆纪要》《湖南省志·地理志》《湖南经济通史·古代卷》《中国行政区划通史·总论、先秦卷》《中国战争史地图集》《中国古代车舆马具》《中国古代航运史》等有关历史地理著作的相关表述；探索了人类起源、扩散与迁徙路线，旧石器时代文化传播路线，新石器时代黄河流域族群入湘路线，夏商周及楚人南下路线，濮、庸、巴人南迁及庄蹻王滇路线；阐述了中亚丝绸之路早于春秋、南方丝绸之路不晚于战国且湖南是上述商道重要起点的观点；[1] 还原了秦始皇"南至苍梧"的真相，认为司马迁谓始皇"大怒……伐湘山树"[2] 的历史并不存在；考证了以湖南为重要起讫点或过境地的"长沙鳖"贡输、鄂君贩运、秦征百越、汉伐南越、马援克交趾路线，"青铜之路""陶瓷之路""茶叶之路"，范成大入桂、黄福使安南、徐霞客游湘以及"衣冠南渡""江西填湖广""湖广填四川"线路，军马纲运、楠木贡运、米谷漕运、公私盐运、竹木排运、铜铅官运线路；梳理了道路、舟车、邮驿、港埠的发展变迁，以及船帮、萝业的兴衰轨迹。可以说，《湖南古代交通史》就是一幅展示湖湘文明衍化进程的壮美画卷，一部反映湖湘先民"筚路蓝缕，以启山林"奋斗历程的绚丽诗篇，而其中迭起之创见，虽不乏有待商榷之处，但不得不承认，这些创见大大增加了该书的学术价值。

最后需要说明的是，蒋响元先生殚精竭虑撰此书，其治学态度之严谨令人敬佩。2018 年 6 月作者完成初稿时，超过 100 万字，先后经多次修订，删繁就简，付梓时仅存 91.6 万字。在修订的过程中，为了学术规范，作者

---

① 作者认为，长沙出土"蜻蜓眼式"琉璃珠和西亚发现琉璃珠纹饰类似；俄罗斯阿尔泰地区出土公元 5 世纪刺绣纹样，与烈士公园楚墓发掘织品相近。这些发现，堪可改变丝绸之路始于汉代的传统认知，显示最晚春秋就有一条湘水、长江往来中亚的商道，长沙是丝绸之路重要起点。

② 《史记·秦始皇本纪》。

仅校对与校注，便花了约半年的时间。为了更清晰地展示古代湖南的交通概貌，初稿配备了战国以来各历史时期的湖南交通地理图数十幅。为绘制这些图，作者花费了很多心血，但在修订过程中，仅仅留下了一部分。这些交通地理图的面世，可以说是本书的一大亮点，填补了该领域的众多空白。因此，今天呈现在读者面前的这部具有拓荒性的《筚路蓝缕　以启山林——湖南古代交通史》（史前至清末），图文并茂，精制完备，可谓是一部研究湖南地方史难得的力作，很值得与大家分享。

Table of Contents

On the Rationality and Materialism of
Zhou Dunyi's *Taiji Tushuo*

Hu Zhengyao

Abstract: Zhou Dunyi is a great thinker and educator. He is an upright and honest official and can be called a model of ancient and modern times. Zhou Dunyi has a lofty status in the history of Chinese philosophy and thought. Southern Song Dynasty scholars Hu Hong and Zhang Shi praised that his achievements was among Confucius and Mencius. This paper aims to explore Zhou Dunyi's philosophical thinking from the perspective of the rationality and materialism of *Taiji Tushuo*. Zhou Dunyi's "Universal Survival Theory" composes a rigorous philosophical system of views of nature, methods of thinking, and human morality. It is not only rational and materialistic, but also reflects dialectical thinking. Therefore, well-known scholars at home and abroad have given high evaluations and praised *Taiji Tushuo* as the most systematic and rigorous theory of universe existence in the history of Chinese philosophy. It also aroused different opinions because of the brief analysis of *Taiji Tushuo*. We should carefully analyze the philosophical connotation of *Taiji Tushuo* from the original text and study from its original form, so as to promote Zhou Dunyi's outstanding contribution in the history of Chinese philosophy.

Keywords: Zhou Dunyi; *Taiji Tushuo*; Universe Generation Theory; Wuji; Taiji

Hu Yin's Criticism and Interpretation of "Follow Three more Years without Changing the Way of the Father"

Li Chao

Abstract: It seems that Hu Yin's comments in *Du Shi Guan Jian* focuses on Cai Jing, Qin Hui, and other "traitful officials" who misled the country in the Song Dynasty, actually intentionally or unconsciously pointed the finger at Emperor Gaozong. Hu Yin criticized the traditional Confucian filial piety principle such as "follow three more years without changing the way of the father" and put forward a new interpretation, which aims to eliminate the restriction that the current emperor must inherit the government of the former emperor. This was mainly not to correct Sima Guang's mistakes in the struggle between the new and old parties in the Northern Song Dynasty, but to prevent the New Party from using filial piety again in the Southern Song Dynasty and to encourage Gaozong to reactivate the New Party and carry out reforms. Meanwhile, it also created conditions for the emperor after Gaozong to abandon the peace negotiations with the Jin Dynasty and restart the process of recovering the Central Plains.

Keywords: Hu Yin; Follow Three More years Without Changing the Way of the Father; Emperor Gaozong of Song; Old and New Party Disputes

The Public-private View under the Tradition of Xiang Learning
—Centering on Zhang Shi, Wang Chuanshan and Mao Zedong

Peng Qiugui

Abstract: The relationship between public and private is an important issue in the history of the development of Xiang Learning, which has great impact on the formation of Hunan's patriotism, family and country sentiments, and the thought of managing the world. In the ideological construction and practical exploration of the public-private view, Zhang Shi, Wang Chuanshan and Mao Zedong all played critical roles. In the comparison between the public of the law of nature and the private of human desire, Zhang Shi advocated selflessness and stressed that the common privates of the people should not be ignored. Wang Chuanshan emphasized that politicians should practice the concept of "justice all over the world". He also distinguished the justice among one person, and the ancient and modern. Mao Zedong's basic principles of dealing with public-private relationship are embodied in three aspects: selflessness, put public interests before private ones and give consideration to both public and private interests, which are still of great value for viewing and handling public-private relations today.

Keywords: Public-Private View; Zhang Shi; Wang Chuanshan; Mao Zedong

Deeds and Historical Status of Tang Jiude

Liu Tao

Abstract: Tang Jiude was a scholar of Xiangtan army during the Jiajing period of the Ming Dynasty. As a famous scholar and military commander from Jiajing to the early years of Wanli, he successively served as the magistrate of Jiangxi Xinyu County, head of households, Yuanwailang, Langzhong, prefect of Zhangzhou, Fujian, deputy envoy of Fujian, deputy envoy of Zhejiang, Zuocanzheng of the Chief Secretary in Guangdong Province, canjiang (deputy military officer), Anchashi envoy of Guangdong. In responding to the "Southern Japanese and North Captives", he made outstanding contributions and promoted the transformation of the marine society of Zhangzhou Yuegang, which is well-known at home and abroad. An ancestral hall was establish for him in Haicheng, which was highly praised by Zhang Xie and he was recorded in the Zhangzhou Prefecture Topography during the year of Wanli Guichou (1613). This paper is about to fill the academic research gaps, which is beneficial to promote regional cultural exchanges and will provide a new path for regional cultural research in the new era.

Keywords: Tang Jiude; Tang Sisheng; Military Households of the Wei-so; Qi Jiguang; Haicheng County

He Shaoji and the Reshaping of the Image of Gu Yanwu in the Late Qing Dynasty

Yao Yufei

Abstract: He Shaoji, who is famous for his calligraphy, directly contributed to the confluence of the Chronicles of Gu Yanwu in the North and the South during the Daoguang Period, forming a complete *Chronicle of Mr. Gu Tinglin*. With the completion of the compilation of the chronology and the promotion of He Shaoji, Zhang Mu and others, Mr. Gu Tinglin's shrine was completed in the Ciren Temple of Beijing. This collective action of literati is of great significance to the spiritual shaping of scholars in the late Qing Dynasty. It is through He Shaoji and others' continuous excavation and construction of Gu Yanwu's thoughts on the classics that Gu Yanwu's image has been continuously enriched and has become a great Confucian model who transcends the "Han-Song dispute" and pursues the universal pursuit of scholars in the world.

Keywords: He Shaoji; Gu Yanwu; Daoguang Period; Chronicles

Changes, Responses and Innovations of Media Fusion: Focusing on Tan Sitong and Hunan Reform Movement

Zhang Weixin   Zhang Yuliang

Abstract: Media integration is a media development concept that emerged under the background of the information age. It is a trend of multi-functional integration through organic integration of various media based on the rapid development of the Internet. This article attempts to focus on Tan Sitong's practice during the Hunan Reform Movement, examines the media integration practices of the two pioneers of reform more than 120 years ago, and tries to sum up some laws and experiences from them, hoping to provide reference for the current publishing media industry and academic circles.

Keywords: Media Integration; Tan Sitong; Reform Movement

The Formation and Historical Influence of Quyuan Culture in Lishui River Basin

Liang Songcheng

Abstract: In terms of natural geographical environment, the Lishui River Basin is not only surrounded by the rich Liyang Plain, but also directly connects with the Yangtze River waterway, and the transportation is very convenient. In terms of human environment, it is close to the relatively developed areas in the early period in the north and developed early. Especially in the over 400 years since the establishment of the capital "Ying" of the Kingdom Chu, the land of Cen and Li became veritable "Jing Ji" regions due to geographic relations. Therefore, as a minister of the Kingdom Chu, Qu Yuan was obviously very clear about the folk customs of the Lishui Valley and the suburbs of the capital. This is directly reflected in Qu Yuan's works such as *Xiang Jun* and *Xiang Furen*, such as "Li", "Lipu" and "Cenyang", and "Lanjiang" evolved from "Liyoulan". For thousands of years, the legacy of Qu Yuan has been endless in the Lishui River Basin. People have continued to commemorate Qu Yuan. In the past dynasties, various temples have been built, such as the Sanlu Dafu's Temple and Zhongqing Temple, to express the people's nostalgia and respect for Qu Yuan.

Keywords: Qu Yuan; Lishui; *Xiang Jun*; *Xiang Furen*; Sanlu Dafu's Shrine

The Origin of the Tujia Nationality in Zhangjiajie City Before the Qin Period

Dai Chuzhou

Abstract: Zhangjiajie has a long history of human beings. The origin of human history in Zhangjiajie City can be traced back to the Paleolithic era hundreds of thousands of years ago. During the Spring and Autumn and Warring States Period, the territory of Zhangjiajie City was included in the territory of Chu State, and the indigenous people Pu entered feudal society. During the pre-Qin period, there were ancient ethnic groups such as Pu people, Ba people, and Chu people in Zhangjiajie. The territory of Zhangjiajie City is under the jurisdiction of Qianzhong County of Chu State. The Chu people, the main ethnic group, and the Pu people, Ba people and other indigenous peoples merge with each other to create a diverse, integrated and splendid regional culture. According to the Marxist ethnic theory, combined with the historical origins, realistic characteristics, and national identification practices of the Tujia people in Zhangjiajie City, this article believes that the Tujia people in Zhangjiajie City are based on the Pu people and have been gradually merged with Ba people, Chu people and other ancient nations to form a community in the long-term development of human history.

Keywords: Zhangjiajie City; Tujia Nationality; Pu People; Ba People; Chu People

"Confucian Officials" Pan Zongluo's Contribution to the Development of Hunan Culture in the Early Qing Dynasty

Zhang Mingjuan

Abstract: A native of Yixing, Jiangsu Province, an official who successively served as the governor of Huguang and Pianyuan, Pan Zongluo had an important influence on the development history of Hunan's academic culture in the early Qing Dynasty. During his tenure in Hunan, with keen cultural awareness he recommended Wang Fuzhi and others sages from Hunan, and meanwhile he motivated scholars and accelerated the division of Hunan and Guangxi, cultivate talents in Hunan, and promote the construction of culture and education in Miaojiang. The phenomenon of talent "blowout" in Hunan after the mid-Qing Dynasty is inseparable from his hard work. As a "Confucian official" who is different from the ordinary "competent official" and "law abiding official", Pan Zongluo's contribution to Hunan culture in the early Qing Dynasty is often ignored by later generations. This should be re-evaluated.

Keywords: Pan Zongluo; the Early Qing Dynasty; Hunan Culture; Confucian Officials

Overview of Four Lost and Scattered Articles Outside of Li Yuandu's Collection

Wang Lihua

Abstract: *Tianyueshan Pavilion Recording* was edited by Li Yuandu in the 4th year of Guangxu in the Qing Dynasty (1878), and published in the 6th year of Guangxu (1880). None of the subsequent works were collected. Four articles written in his later years were found and studied recently. His *Rao Xinquan Sixtieth Birthday Preface* and *Preface to the Sequel to the Scriptures of the Dynasty* were written for Rao Yucheng who is from Dongxiang, Jiangxi, and his *Preface to Jiaosheng Poems* and *Preface to Ruoyuan Notes of the Kingdom* were written for Wang Zhichun who is from Hengyang, Hunan. From the collection of the literature at that time, this paper examines these four articles' written year and place, written intention and constitution, related personnel and historical background, and examines Li's interpersonal communication at home when he quit from office. The traditions and inheritance of Huxiang's practical experience, the old and new generals in Hunan's salvation aspirations and Li's gradual changes in thinking are also taken in account.

Keywords: Li Yuandu; Lost and Scattered Article; Rao Yucheng; Wang Zhichun

Collecting and Collating Articles Outside Chen Baozhen's Collection

Yang Xigui

Abstract: Chen Baozhen, governor of Hunan, was the most courageous and knowledgeable local official in the Qing Dynasty during the Wuxu Reform Movement. *The Collection of Chen Baozhen*, compiled and published by Wang Shuzi and Zhang Qiuhui, has provided scholars with a rich historical basis for research on Chen Baozhen and the Reform Movement, but there are still regrets. This paper researched seven of his scattered essays from the time when Chen Baozhen hold a post in Hunan Houbu Road, Shuchenyuan Yongjing Road, Henan Hebei Road, Zhili Finance Officer, Hunan governor till the time after his dismissal. The historical facts about the writing time, background and related information were respectively verified and explained, which made up for the inadequacies of *The Collected of Chen Baozhen* to a certain extent, and provided new historical materials for the study of Chen Baozhen.

Keywords: Chen Baozhen; the Reform Movement; Lost and Scattered Articles

Research on Two Articles of Zhang Zu Tong

Ma Yanwei

Abstract: As a well-known poet and active gentry in Hunan in the Qing Dynasty, Zhang Zutong's achievements in poetry and his activities in the Hunan Reform Movement have always been valued by academic circles, but the research of his writing works is comparatively neglected. After his death, his son Zhang Shigong published a collection of his father's poems. However, he did not sorted out his many articles, which limited the depth of Zhang Zutong research to a certain extent. This paper collated and sorted out two of his scattered articles, in the hope of contributing to the further study of him in academic circles.

Keywords: Late Qing Dynasty; Zhang Zutong; Xiang Learning

《湘学研究》征稿启事

　　千年湘学，源远流长，博大精深，是中华传统文化的重要组成部分。湖南以其厚重的文化底蕴和独特的文化张力，孕育了一大批经邦济世的杰出人才，为推动中国社会变革和发展做出了重要贡献。研究湘学、弘扬湘学，乃发展湖南和当代中国、繁荣中华文明之要务。《湘学研究》系湖南省湘学研究院主办的学术集刊，拟刊布湘学研究的高水准成果。本刊由社会科学文献出版社出版，每年出版2辑。

　　《湘学研究》主要设置以下栏目：湘学专题研究；湖南人文历史；湘学文献整理研究。发稿方向和范围包括：湘学研究的基本理论；湘学与国学的关系；湘学文献搜集整理与研究；国内各地域文化与湘学的比较研究；湘学传统与湖南现代化研究；湘学与当代湖南发展研究；湘学与当代中国发展研究。

　　本刊不收版面费，出版后奉致稿酬并样书两本。

　　本刊来稿要求如下。

　　一、来稿须是未经发表的学术论文，一般以不超过1万字为宜，要求政治导向正确，学术观点新颖，论据充足，论证严密，文字通达。

　　二、来稿须提供中英文摘要200~300字，关键词3~5个。

　　三、作者简介务必简洁，所任职务、职称不超过2个，并在文末附以联系电话与电子邮件地址。

　　四、所有来稿，编辑部有权做适当修改，如不同意者请予以注明。

　　五、正文采用5号字体；注释采用小5号字体，一倍行距，A4纸页面。文内章节采用如下顺序："一""（一）""1.""（1）"。

　　六、注释格式：

　　（一）总要求

　　1. 采用页下注。注释序号用①，②，③……标识，每页单独排序。卷数、册数、页码均使用阿拉伯数字。多页码之间使用波浪线连接号"~"

连接。

2. 责任方式为著时，"著" 可省略，著者后接 ":"；其他责任方式不可省略，不接 ":"。

3. 中国作者无须标明所属朝代；国外作者须加国别，如：〔美〕。

（二）出版物主要引用格式

1. 专著

（1）标注顺序

责任者与责任方式：文献题名，出版者，出版年，页码。

（2）示例

赵景深：《文坛忆旧》，北新书局，1948，第 43 页。

谢兴尧整理《荣庆日记》，西北大学出版社，1986，第 175 页。

〔日〕实藤惠秀著，谭汝谦、林启彦译《中国人留学日本史》，生活·读书·新知三联书店，1983，第 11 ~ 12 页。

2. 析出文献

（1）标注顺序

责任者：析出文献题名，"载" 文集责任者与责任方式文集题名，出版者，出版年，页码。

文集责任者与析出文献责任者相同时，可省去文集责任者。

（2）示例

杜威·佛克马：《走向新世界主义》，载王宁、薛晓源编《全球化与后殖民批评》，中央编译出版社，1998，第 247 ~ 266 页。

鲁迅：《中国小说的历史的变迁》，载《鲁迅全集》第 9 册，人民文学出版社，1981，第 325 页。

3. 古籍

（1）标注顺序

责任者：析出文献题名，文集责任者与责任方式：文集题名卷册次数，丛书项，卷册次数，版本或出版信息，页码。

（2）示例

管志道：《答屠仪部赤水丈书》，《续问辨牍》第 2 卷，《四库全书存目丛书》第 88 册，齐鲁书社，1997，第 73 页。

4．期刊

（1）标注顺序

责任者：文献题名，期刊名年期 。

（2）示例

何龄修：《读顾诚〈南明史〉》，《中国史研究》1998 年第 3 期。

5．网络

若存在相同内容的纸质出版物，应采用纸质出版物的文献源。若唯有网络来源则标注顺序为：

责任者：电子文献题名，站名，文献标注日期，访问路径。

赐稿邮箱：xiangxueyj@163.com

通信地址：410003　湖南省长沙市德雅村湖南省社会科学院《湘学研究》编辑部

图书在版编目（CIP）数据

湘学研究. 2020 年. 第 2 辑：总第 16 辑 / 贺培育主
编. -- 北京：社会科学文献出版社，2021.2
ISBN 978 - 7 - 5201 - 7874 - 7

Ⅰ.①湘…　Ⅱ.①贺…　Ⅲ.①学术思想 - 思想史 - 研
究 - 湖南　Ⅳ.①B2

中国版本图书馆 CIP 数据核字（2021）第 026335 号

《湘学研究》2020 年第 2 辑（总第 16 辑）

主　　编 / 贺培育
执行主编 / 李　斌

出 版 人 / 王利民
组稿编辑 / 任文武
责任编辑 / 李　淼　杜文婕
文稿编辑 / 李月明

出　　版 / 社会科学文献出版社·城市和绿色发展分社（010）59367143
　　　　　　地址：北京市北三环中路甲 29 号院华龙大厦　邮编：100029
　　　　　　网址：www. ssap. com. cn
发　　行 / 市场营销中心（010）59367081　59367083
印　　装 / 三河市尚艺印装有限公司

规　　格 / 开　本：787mm × 1092mm　1/16
　　　　　　印　张：11　字　数：180 千字
版　　次 / 2021 年 2 月第 1 版　2021 年 2 月第 1 次印刷
书　　号 / ISBN 978 - 7 - 5201 - 7874 - 7
定　　价 / 88.00 元

本书如有印装质量问题，请与读者服务中心（010 - 59367028）联系